ALMA ROGGE · Grüße an alle

ALMA ROGGE

Grüße an alle

111 Anekdoten

CARL SCHÜNEMANN VERLAG
BREMEN

2. Auflage 1979, 6. bis 10. Tausend

Umschlaggestaltung Fritz Meyer-Roland, Bremen
Druck Siegfried Rieck, Delmenhorst
Bindearbeiten Klemme & Bleimund, Bielefeld
Printed in Germany 1979
ISBN 3 79 61 1706 6

Zwei Männer treffen sich.

„Ik schall di gröten“, sagt der eine.

„Sso, van wen denn?“ fragt der andere.

„Van Tant’ Magret.“

„De kenn ik ja gar nich.“

„Se hett aver schräben:

GRÜSSE AN ALLE!“

Anekdoten, Schnurren und Dööntjes

machen den meisten Spaß, wenn sie in fröhlicher Runde vorgetragen werden von einem guten Erzähler, der sie knapp und treffend, unterstützt durch Mimik und Gestik, zum besten gibt. Er kann kurze Erklärungen dazu geben und wird sie richtig betonen, aber er weiß auch, daß er sie nicht durch unnötige Zutaten um ihre Wirkung bringen darf.

Wenn man Anekdoten für sich allein liest, sind sie viel weniger spaßig. Dennoch müssen sie aufgeschrieben werden, damit sie nicht verlorengehen. Und die berufenen Erzähler volkstümlichen Humors brauchen auch solche Quellen, aus denen sie Neues schöpfen können.

In der hier vorliegenden Sammlung bringe ich vornehmlich Geschichten, die ich in meiner nordoldenburgischen Heimat gehört, die ich selbst erlebt und erfahren habe. Von manchen weiß ich zwar nicht mehr, wer sie mir zugetragen hat, aber ich habe nach bestem Wissen vermieden, Anekdoten aufzunehmen, die schon in anderen Zusammenstellungen erschienen sind. Es mögen auch einige dabei sein, die ich mir durch meine eigene, besondere Art, durch häufiges Erzählen, sozusagen angeeignet habe.

Bemerken muß ich noch: Einige meiner Geschichten stehen in dem von August Hinrichs herausgegebenen Buch Oldenburger Anekdoten „Rund um den Lappan“. Ich habe sie aber nicht gestohlen, sondern nur zurückgenommen, da ich sie ihm seinerzeit zur Verfügung stellte. Sie stammen aus meiner Heimat.

* * *

Anekdoten und Schnurren wandern durch die Lande, sie tauchen bald hier, bald ganz woanders auf. Glaubte man sie in unserem nordwestdeutschen Raum beheimatet, trifft man sie unvermutet auch im Osten oder im Süden Deutschlands an. Der gute Anekdoten-Erzähler versetzt seine Geschichten, die er irgendwo aufgelesen hat, einfach in die ihm vertraute Landschaft, gibt ihnen mundartlichen Klang, eine persönliche Note, – er macht sie sich ‚mundgerecht‘. Die besten Anekdoten jedoch sind solche, die sich nicht gut in einen anderen Bereich verpflanzen lassen, weil sie Wesentliches von der besonderen Art der Menschen einer Landschaft aussagen. Denn jede Landschaft prägt ja ihre eingesessenen Bewohner. Solche Geschichten können kaum woanders ihren Ursprung haben, sie sind ‚wurzelecht‘!

Es muß schon ein friesischer Bauer gewesen sein, der seinem Pastor, als der ihn mahnte, warum er nie in die Kirche käme, schlichtweg antwortete: „Sündigt heff ik nich, un singen mag ik nich.“

Der Norddeutsche ist langsam und bedächtig, er überlegt es sich gründlich, ehe er ‚ja‘ oder ‚nein‘ sagt, er braucht seine Zeit.

Ein Mann geht in der Stadt Oldenburg in einen Laden. „Was soll's denn wohl sein?“ fragt ihn der Kaufmann.

„Eine Flasche Eier-Cognac“, verlangt der Kunde. Der Kaufmann sieht ihn streng an. „Sie meinen wohl Eier-Likör“, verbessert er ihn.

„Also gut: Eier-Likör“, gibt der Kunde nach. „Ja“, sagt der Kaufmann, „den haben wir nicht.“

Der Groß-Knecht Krischan möchte Katrin, die Groß-Magd, gerne zur Frau haben.

„Wat meenst, Katrin“, sagt er eines guten Tages, „willt wi beiden us nich freen?“

„Och Krischan, wo kummst dar nu so mit'n Mal up?“ fragt Katrin erstmal erstaunt.

„Ja, ik meen, wi kennt us nu al so lang un

sund ok faken tohoop to'n Danzen wäsen", gibt Krischan zu bedenken.

„Ja, dat woll, Krischan. Man so batz to kann ik di dat nich seggen", zögert Katrin.

„Wennehr kannst mi dat denn seggen?"

„Dar moet ik eerst 'n Nacht aver slapen un mi dat bedenken."

„Un morrn kannst mi denn Bescheed gäben?"

„Ja, Krischan", gibt ihm Katrin nun zu. „Man dat eene kann ik di nu al verra'en: Näseggen do ik nich!"

Der niederdeutsche Mensch ist offen und geradezu, er redet nicht um eine Sache herum, er macht keine nichtssagenden Redensarten. Der echte Plattdeutsche kann das überhaupt nicht, er hat in seiner Sprache weder Sammelnamen noch abstrakte Begriffe und umschreibende Formeln. Er bleibt immer bildhaft, er nennt die Dinge beim Namen. Für ihn gibt es nicht eine Schale mit Obst – das können zehn verschiedene Sorten sein –, er sagt, was drin ist: ‚Appels', ‚Bäärn' und ‚Plumen'. Er trinkt auch keinen Alkohol, sondern ‚Koem' und ‚Beer' und ‚Grog'. Er läßt niemanden in Ohnmacht fallen, sondern er sagt: ‚He wurd witt um de

Nääs un sackde dal'. Darum auch gibt er oft so überzeugend treffende Antworten.

Ein Fremder kehrt in Hamburg in eine Hafenkneipe ein und verlangt ein Glas Milch.

„Wat willt Se hebben?“ fragt der Wirt, der seinen Ohren nicht traut.

„Ein Glas Milch.“

„Schall ik Se nich ok glieks ’n Billerbook bringen?!“

Ein Bauer in der Marsch hatte eine Groß-Magd, die des öfteren nachts ihren Freund in die Kammer einsteigen ließ. In einer dunklen, regnerischen Nacht hatte der sich nun verbiestert, fand das richtige Kammerfenster nicht und anstatt bei ihr, klopfte er an das Fenster des Bauern, leise zuerst, dann etwas lauter. Als sich immer noch nichts rührte, dachte er: ‚De verdammte Deern weet doch, dat ik kaam!‘ und ballerte heftig gegen die Scheiben.

Da sprang der Bauer aus dem Bett, riß das Fenster auf und brüllte:

„Du Dussel! Wenn nich apen maakt ward, denn heet dat: Paßt nich oder besetzt!!“

Der Niederdeutsche sagt eben, was er gerade denkt, er macht keine Flausen aus Höflichkeit und auch nicht aus gefühlvoller Rücksichtnahme und Heuchelei, das liegt ihm nun mal nicht:

Der alte Herr Müller war gestorben und hinterließ Frau Müller, seine Witwe. Nebenan wohnte Frau Beckmann. Die hatte zwar nicht mit Müllers verkehrt, dachte nun aber doch: ‚Es sind schließlich meine Nachbarn', schmiß sich in Pickeschwarz von oben bis unten und ging zu Frau Müller, um ihr Beileid zu bekunden.

„Ach ja, liebe Frau Müller", eröffnete Frau Beckmann zartfühlend das Trauergespräch, „wie ist es nun wohl still um Sie geworden."

„Mögen Sie wohl sagen", bestätigte Frau Müller. „Das genieße ich aber auch sehr. Mein Mann, der war ja immer so unruhig: ‚Koffi! Koffi!', ging das den ganzen Tag. Da hatte ich ständig mit zu tun."

Frau Beckmann sah verlegen an sich hinab und schwieg. Frau Müller aber war froh, sich aussprechen zu können und fuhr munter fort: „Und denn, wenn ich jetzt Spinat esse, brauch' ich man bloß ein Pfund. Sonst brauchte ich ja immer d r e i Pfund. Sehn Sie, da spar' ich viel bei!"

Die pickeschwarze Frau Beckmann ging sehr bald nach Hause . . .

Es war ein eisig kalter Wintertag, als ich meine Freundin Hanna samt Koffer vormittags zur Bahn brachte. Wir kamen viel zu früh, auf dem Vorortbahnhof gab es nur einen kleinen, nüchternen Schalterraum, wo man nichts verzehren konnte. Also gingen wir gleich nebenan ins Wirtshaus. Zu einer Tasse Kaffee hätte die Zeit nicht gereicht, also verlangte ich zwei Doppelkörner.

Die Wirtin stellte die Schnapsgläser vor uns auf die Theke und ließ den Korn aus der Kruke hineinkluckern. Dabei nun machte sie sich ihre eigenen Gedanken, die sie denn auch ehrlich und unumwunden aussprach. Mit einem Blick auf uns, die wir morgens um zehn Uhr schon Schnaps tranken, bemerkte sie:

„Tjä, – die junge Frau Soltmann, die hat sich ja a u c h zu Tode gesoffen!!"

An der deutschen Nordseeküste sind von jeher die Friesen seßhaft. Kühne Seefahrer waren sie zu allen Zeiten, ihr Land mußten sie gegen die ständige Bedrohung des Meeres, gegen verheerende Sturmfluten schützen. So waren sie gewohnt, sich nur auf sich selbst zu verlassen. Adlige Vorrechte ließen sie kaum aufkommen, wenn der Deich brach, galt einer wie der andere. Ihre Freiheit liebten sie über alles. ‚Lever doot as Slaav' war ihr Wahlspruch; ‚Gott schuf das Meer, der Friese die Küste' ihr stolzes Wort. Dieser friesische Einschlag ist immer spürbar geblieben, bis heute noch. Unterwürfig sind sie nicht, die Menschen im Küstenland, sie katzbuckeln vor keiner noch so hochgestellten Obrigkeit. Dafür könnten viele Beispiele angeführt werden. Eine der schönsten Geschichten aber ist die von Käpten Meyerdierks.

Käpten Meyerdierks steuerte vor Zeiten den Dampfer von Bremerhaven nach Helgoland. Mit dem fuhr oft Kaiser Wilhelm II., der sich ja gerne als erprobter Seefahrer gefiel. So stand der denn auch einstmals auf der Kommandobrücke, um höchstselbst das Schiff zu leiten. Er gab also durch das Sprachrohr in den Maschinenraum hinab den Befehl zum Wenden. Der Dampfer blieb auf

Kurs. Seine Majestät versuchte es noch mal mit etwas anderen Worten: wieder ohne Erfolg. Da bog sich Käpten Meyerdierks zum Sprachrohr hin und brüllte: „Rum mit'n Mors!" Das Schiff wendete. –

Als Wilhelm II. zum zehnten Mal die Fahrt nach Helgoland mitmachte, heftete er Käpten Meyerdierks einen Orden an die treue Seemannsbrust. „Och Majestät", sagte der Käpten (‚Maojestät', mit Betonung der ersten Silbe!), „wie soll ich das man bloß wieder gutmachen?!" So hätte er zu seinesgleichen auch gesagt! –

Im nächsten Jahr fuhr der Kaiser wieder mit Käpten Meyerdierks über die Nordsee. Da nun richtete er seinen erstaunten Blick auf dessen blaue Jacke, wo der Orden nicht prangte.

„Ja, sagen Sie mal, mein lieber Kapitän," begann er huldvoll zu fragen, „ich habe Ihnen doch im vorigen Jahr einen Orden verliehen, tragen Sie den denn gar nicht?!"

„Och Maojestät", sagte Käpten Meyerdierks treuherzig, „bloß bei besonders festliche Gelegenheiten!"

Der Niederdeutsche in seiner bedächtigen Art nimmt gelassen hin, was für andere unheilvoll verwickelt ist. Er macht keinen Lärm um eine Lage, die für ihn einfach zu lösen ist. Man halte darum jenen Mann nicht für dumm, der aus seinem bäuerlichen Sinn heraus eine klare und gute Entscheidung traf:

Jan hat geheiratet. Nach drei Monaten bringt seine Frau ein Kind zur Welt. Das scheint keineswegs ungewöhnlich, ist es in diesem Fall aber doch.

„Jan, wat höör ik", fragt ihn Hinnerk, „du hest freet?"

„Heff ik", sagt Jan.

„Dar heff ik ja nix van wußt. Wennehr hest du diene Fro denn kennenlehrt?"

„Bi't Danzen."

„Ik meen, wolang kennden ji jo, as ji freet hebbt?" will Hinnerk wissen.

„Och, dat gung allens gau. Wi kennden us so an säben, acht Wäken."

„Un nu is dr al 'n Kind?" fragt Hinnerk.

„Ja, is dr. 'n strammen Jung."

„Minsch, Jan: twee Maand un dree Maand, dat sund eers fief Maand. Denn is dat doch gar nich dien Kind!"

Jan ist einen Augenblick verdutzt. Dann aber entscheidet er schlicht und überzeugend: „Wenn een 'n Koh kofft, un de kriggt nahsten 'n Kalf: wen hööřt denn dat Kalf?!"

Man läßt sich eben nicht aus der Ruhe bringen, und auf verfängliche Fragen gibt man eine entwaffnende Antwort.

Der Schäfer stand auf der Heide inmitten seiner Schafe, beide Hände auf seinen hohen Stock gestützt und rührte sich nicht. Er sah nur mal auf seine Schnuckenherde und dann wieder still vor sich hin.

Ein Professor aus der Stadt kam vorbeigewandert, sah den Schäfer so stehen und störte ihn nicht, denn er achtete seine nachdenkliche Einsamkeit.

Als er nach Stunden zurückkam, stand der Schäfer noch ebenso unbeweglich da und sann in die Ferne. Da aber trat der Professor doch zu ihm und fragte:

„Sagen Sie mal, mein lieber Mann, was denken Sie denn nun immer, wenn Sie hier so stehn?"

Der Schäfer rührte sich auch nun nicht, sah

den Frager nur mit einem abweisenden Seitenblick an und sagte:

„Sund Se denn so dumm, dat Se jümmer denken moet't?"

Wer die Norddeutschen nicht wirklich kennt, könnte oft versucht sein, sie für verstockt oder gar gefühllos zu halten. Das sind sie jedoch keinesfalls, sie mögen ihre Gefühle nur nicht zeigen, sie ‚snakken da nich über', schon gar nicht, wenn sie jemanden sehr lieb haben. Dann sagen sie eher das Gegenteil, oder sie denken sich etwas aus, um ihre Liebe zu verbergen. So auch Hein Piepers, der seine Lina heiratete, obgleich sie ein Holzbein hatte.

Willem trifft Hein. „Wat, du hest Lina mit dat holten Been nu doch freet?" fragt er ihn. „Ik meen, du wullst ähr nich."

„Heff ik ja nu doch", sagt Hein.

„Wo keem dat denn?" will Willem wissen.

„Ja kiek, paß mal up", erklärt Hein, „wenn ik mi 'n Fro nahmen harr mit twee gesunne Been': nimm mal an, se will morrns inhalen, geiht aver de Straat, kummt 'n Auto, fahrt ähr aver – Been af. Un nu geiht dat los: se moet henfahrt weern in't Krankenhuus, moet opereert weern, moet dar eerstmal 'n Maand liggen. Ik moet mi in de Tiet 'n Huushollersch nähmen. Un kummt se denn wedder na Huus, kann se ok noch nich vääl doon, bruukt wi wedder 'n Hulp. Ja, Mann, dat kost all Geld, vääl Geld. Heff ik mi dacht: nimmst di glieks eene mit 'n holten Been, hest dar nahsten kien' Umstännen un kien' Kosten mehr van!"

Wenige Worte nur gebrauchte ein Ostfriese, um seine Liebe zur Heimat mit einer kleinen Erinnerung zu umschreiben. Er war einstens nach Amerika ausgewandert, nach langen Jahren besuchte er seine alte Heimat wieder. Er trifft einen ehemaligen Schulfreund und erzählt ihm, was er drüben alles erreichte: eine große Farm hat er, Frau und Kinder, dazu betreibt er ein gutgehendes Geschäft mit landwirtschaftlichen Maschinen, – er ist ein wohlhabender, erfolgreicher Mann. Schließlich aber fragt ihn der Freund:

„Un wenn du nu kunnst, as du woll muggst, wor wullst denn lever wäsen, dar achtern in Amerika oder hier in Oostfreesland?"

Sagt der andere nur still:
„Wor heff ik um Knicker späält?“

So wird man nun auch die folgende Geschichte richtig verstehen und keinen Mangel an Gefühl dahinter vermuten.

Ein Kind fällt in den Hafen. Ein beherzter Mann springt ihm nach, und mit knapper Not gelingt es ihm, den Jungen an Land zu bringen. Er legt ihn der herbeigelaufenen Mutter in den Arm.

Die Mutter ist, wie es jede Mutter auf der ganzen Welt sein würde, selig über ihr gerettetes Kind. Aber sie kann es nicht sagen, sie bringt es nicht fertig. Sie sieht auf den Jungen, auf den Retter, dann wieder auf den Jungen. Und in äußerster Verlegenheit sagt sie:

„Un de Mutz van den Jung, wor hebbt Se de – ?“

* * *

Marsch und Geest.

Die Marschen sind in früheren Jahrhunderten entstanden aus dem abgelagerten Schlamm der Flüsse, die von den Fluten des Meeres aufgestaut wurden. So ist der fruchtbare Boden besonders geeignet für fette Weiden und Wiesen und damit für die Viehzucht. Der Name Geest kommt von ‚güüst' und bedeutet unfruchtbarer, sandiger Boden. Seitdem die Geest durch Gründüngung und manche Arten von Kunstdünger in vorzügliches Ackerland verwandelt wurde, ist sie ebenso ertragreich geworden wie die Marsch.

Früher jedoch sahen die wohlhabenden Marschbauern auf ihre weniger gut gestellten Nachbarn von der Geest hochmütig herab. Ein ‚Geestkerl' war eben minderwertig. Dafür gibt es die folgenden Geschichten.

Eine alte Chronik berichtet von einer verheerenden Sturmflut an der Küste: „Menschenleben sind nicht zu beklagen. Ertrunken sind an die 50 Pferde, dazu über hundert Kühe und Rinder, viele Schafe und ein Geestkerl."

In Blexen an der Wesermündung wurde vor Zeiten dem Gemeindevorsteher, der gerade abends im

Wirtshaus saß, gemeldet: es sei im Reith eine Leiche angetrieben, die geborgen werden müsse. Der Gemeindevorsteher fragte, von welcher Art der Ertrunkene denn wohl sei. Und als ihm gesagt wurde, es sei augenscheinlich ein Geestkerl, entschied er kurzerhand: „Denn kann he bet morrn froh liggen blieben!“

Hermann Allmers erzählt in seinem Marschenbuch von einem Bauern, dessen Sohn auf Wanderschaft gehen und die Welt kennenlernen wollte. Der Vater begleitet ihn bis zum Rand der Geest.

„So, mien Jung“, sagt er, „bet hierher geiht de fette Marsch, un de ganze anner Welt is blot güste Geest. Wat wullt du dar denn nu hen?!“

Da in der Marsch hauptsächlich nur Viehzucht betrieben wurde, auf der Geest hingegen Getreide und Hackfrüchte besser gediehen, plusterten die Marschbauern sich damit auf, daß sie sich mehr Fleisch leisten konnten. Wenn sie nun mal auf die Geest gefahren waren, erzählten sie hinterher: die Geestleute hätten an der Straße gestanden und recht offensichtlich in ihren Zähnen gestochert, um damit zu zeigen, daß sie auch Fleisch gegessen hätten!

Abgesetzt.

Einstmals hatten die Wangerooger einen ungerechten Vogt, über den sie sich beim Amt in Jever bitter beklagten. Nun wollte der Vogt selbst nach Jever, aber es behagte ihm nicht, mühsam über das Watt und durch die Priele zu steigen; so ließ er sich von zwei Wangerooger Jungkerlen hinübertragen.

Nach drei Tagen kam er zurück, und Tjark und Hiller waren, wie ihnen anbefohlen, wieder zur Stelle, um ihn zurückzutragen.

„Nun ratet mal, was ich in Jever gemacht habe“, sagte der Vogt milde.

„Geld geholt“, rief Tjark.

„Einen Orden gekriegt“, meinte Hiller.

„Ihr ratet es nicht“, sagte der Vogt, „so will ich es euch sagen: Ich bin abgesetzt worden.“

„Abgesetzt?“ sagte Tjark, der den Vogt gerade auf dem Rücken hatte, „wirklich und wahrhaftig abgesetzt?!“ Er machte seinen Rücken krumm. „Dann setzen wir dich auch ab“, und er warf ihn mit einem Ruck in einen schlammigen Priel.

Klima.

Was die Wangerooger sind, so trinken sie, wie alle Menschen im rauhen Küstenklima, gerne Grog. Sie kneifen beim Trinken ihre Augen vorsorglich zu, denn sähen sie den Grog erst an, würde ihnen das Wasser zu sehr im Munde zusammenlaufen – und Wasser ‚darf da nich mehr zu'.

Ein Badegast wunderte sich einmal, daß die Wangerooger so viel Grog tränken, und ohne daß man ihnen viel dabei anmerke. „Das muß wohl am Klima liegen", meinte er weise. „Klima?" sagte da ein biederer Jan, „nä, to usen Grog dar is kien Spierken Klima to."

Gelassen.

Der Philosoph Rudolf Eucken, ein gebürtiger Ostfriese, erzählt in seinen Lebenserinnerungen von einem alten Langeooger aus den Anfangszeiten des Seebades. Ein Badegast wunderte sich, daß auf der Insel kein Arzt wohne, und fragte den Langeooger:

„Was macht ihr denn, wenn euch ein Unfall oder eine schwere Krankheit trifft?"

Seelenruhig antwortete der Langeooger: „Jo, denn mutten wi all uns eegen Dood starven."

Die Manschette.

Seinerzeit hatten in den Wagen der Eisenbahn die einzelnen Abteile noch Türen nach außen.

In so ein Abteil stieg eine schmucke Frau, die nach der damaligen Mode Spitzenmanschetten trug, die schneeweiß an den Ärmeln heraushingen. Der Schaffner ging den Zug entlang und warf die Tür, deren Fenster herabsauste, krachend zu: die Spitzenmanschette wurde eingeklemmt.

„Mien Manschitt! Mien Manschitt!" schrie die Frau entsetzt auf.

Darauf der Schaffner: „Wenn ähr Mann so lang schitt, dar kann de ganze Zug nich na luurn!" Hob die Hand und schrie: „Abfahrt!!"

Reingelegt.

Als die Eisenbahn von Blexen nach Hude in Betrieb gekommen war, trat ein junger Kerl aus Butjadingen an den Schalter seines zuständigen Bahnhofs.

„Ik wull woll 'n Billjett hebben."

„Wo wollen Sie denn hin?" fragte der Beamte.

„Dat segg ik nich." – Ausfragen ließ er sich nicht.

„Das müssen Sie aber angeben", beharrte der Beamte.

„Wat geiht de Iesenbahn dat an, wor ik henwill."

„Wenn Sie keine Station nennen, kriegen Sie keine Fahrkarte."

Der junge Kerl rischte sich. „Denn man to: na Bremen." Er bekam sein ‚Billjett'. Als er zurückgetreten war, sagte er triumphierend zu seinem Kumpan: „Nu heff ik de Iesenbahn aver doch noch anfleut't: ik will man blot bet Elsfleth!"

Ein anderer Mann steigt aus dem Zug und sagt zu seinem Freund, der ihn abholt: „Dar heff ik de Iesenbahn aver anschäten – twee Stunnen in ‚Raucher' säten un gar nich smöökt!"

Anschluß in Hude?

Die Beamten der Eisenbahn im Oldenburger Land sind nicht immer streng amtlich. Als nach dem Krieg 1945 die Züge infolge vieler Zerstörungen mit großer Verspätung eintrafen, stand in Berne ein Fahrgast und wartete auf seinen Zug, der ihn nach Hude bringen sollte, wo er nach Oldenburg umsteigen wollte. Als der Zug endlich angeschnauft kam, fragte er den Zugführer, ob er wohl in Hude den Anschluß noch bekäme. (Es handelte sich um die Bewältigung von nur zehn Kilometern!)

Der brave Mann sah seinen Zug bedenklich an und sagte: „Wenn de dat doerhollt?!“

Alsdann rief er dem Lokomotivführer munter zu: „Neih dr man ut!“

Nichtraucher!

Als die ersten Eisenbahnen zu rollen begannen, gab es in den einzelnen Wagen noch keine Aborte. Die Fahrgäste mußten sich darauf einrichten, und außerdem hielt der Zug ja oft genug, so daß sie dann hinauskonnten.

Einmal aber geriet ein Mann in arge Bedrängnis, er konnte keinesfalls warten. So breitete er seine Zeitung in einer Ecke des geräumigen Abteils aus und hockte sich hin.

Der einzige mit ihm reisende Mann ergriff sofort seine Gegenmaßnahme: er zündete sich eine Zigarre an und paffte kräftig, um sich mit einer Wolke besseren Geruchs zu umgeben.

Da aber hob der hockende Mann in der Ecke seinen Zeigefinger und sagte verweisend: „He, Sie, hier ist aber ‚Nichtraucher‘!!“

Der Herr Landrat.

Der Herr Landrat besichtigte seinen Kreis. Er befuhr dabei manche Strecke nicht mit dem Wagen, sondern ging zu Fuß, um die Gegend besser kennenzulernen und auch mit der Bevölkerung in nähere Berührung zu kommen. Aber nicht immer kannte er die Wege.

So fragte er einmal einen alten Mann: „Ach, bester Mann, sagen Sie mir: wie komme ich von hier am besten nach Rechtenfleth?"

„Ja, denn gah man dar den grönen Weg langs, denn kummst du dr hen", wies ihn der Alte zurecht.

„Du?? Sie scheinen nicht zu wissen, wen Sie vor sich haben. Ich bin der Landrat!"

Dem alten Mann machte das weiter keinen Eindruck. „Un wenn du ok teinmal de Landrat bust: wenn du na Rechtenfleth wullt, moeßt du dissen Weg gahn, anners kummst du dar nich hen."

Der ‚stille Ort'.

Zu jener Zeit war eine Verordnung herausgekommen: alle Gasthäuser des ganzen Landkreises sollten einen ‚stillen Ort' einrichten, damit ihre Gäste nicht mehr an Bäumen und hinter Sträuchern ihrer Notdurft freien Lauf ließen.

Der Herr Landrat wollte nun mal selber prüfen, ob diese Verordnung auch befolgt worden war. Er kehrte also in einer dörflichen Gastwirtschaft bei Geesche Ellerbusch ein, trank gemütlich Kaffee und aß ein Schinkenbrot. Danach stand er auf und fragte die Wirtin nach dem stillen Örtchen.

Geesche Ellerbusch holte denn auch sofort einen Schlüssel herbei, der an einem Holzbrett hing, auf dem stand groß: ‚HIER'. Sie zeigte ihm noch, wohin er zu gehen habe: am Haus entlang und um die Scheune herum nach links.

Der Landrat kam nach angemessener Zeit zurück, tief befriedigt. „Das muß ich sagen, Frau Ellerbusch, so ein schmuckes Örtchen habe ich bis jetzt noch nirgends gefunden: schneeweiß die Gardine vorm Fenster, blitzsauber gescheuert der Sitz, eine Matte auf dem Fußboden, – da fühlt man sich ja wie in 'ner besten Stube."

„Ja, kiek", freute sich Geesche und fügte listig hinzu: „Dar kummt mi aver ok anners nums rin as de Herr Landrat!"

Er soll so bei kleinem wieder anfangen.

Friedrich August, der letzte Großherzog von Oldenburg, war 1918 abgesetzt worden und lebte von da an in seinem schönen Schloß im nahen Rastede. Als nun wieder mal eine Wahl bevorstand, kamen einige Rasteder zu ihm: sie wollten ihn in den Gemeinderat wählen.

„Wie kommt ihr da denn bloß drauf?“ fragte Friedrich August.

„Och, Herr Großherzog“, sagten die Rasteder treuherzig, „wir dachten, auf die Weise könnten Sie so bei kleinem wieder anfangen mit dem Regieren!“

Zu Kaisers Geburtstag.

Die nachfolgenden Verse sind nicht von mir – ihr Autor ist unbekannt. Oder kennt ihn vielleicht einer meiner Leser?!

Jedenfalls sollen diese Zeilen an Bord der „Meteor“ zu Kaisers Geburtstag vorgetragen worden sein – höchst feierlich! – vom jungen Maat:

„Was steigt da für ein blauer Rauch
an'n Horizont empor?
Es ist die kaiserliche Djacht –
die Lustdjacht „Meteor"!

Der Kaiser steht an'n Steuerrad,
Prinz Heinrich hält die Schot;
Prinz Adalbert zieht auf und ab
die Flagge schwarz-weiß-rot;
und uns' Prinzeß Louis',
de steiht in de Kombüüs!

Ein Volk, das solche Fürsten hat,
das leidet keine Not!
Drum stehn wir an des Thrones Stufen
in Ehrfurcht und in Treue fest
und sind bereit ‚Hurra!' zu rufen – –
wenn es sich irgend machen läßt!"

Ihn kennen ja immer alle.

Ein alter Kapitän wohnte hinter dem Weserdeich, wo er friedlich und zufrieden lebte, in der ganzen Gegend bestens bekannt und gerne gesehen.

Eines Tages nun mußte er zum Gericht, um als Zeuge vernommen zu werden. Der Richter stellte zuerst seine ‚Personalien' fest, was unserm Käpten schon höchst zuwider war.

„Ihre Konfession?" fragte der Richter weiter.

„Heff ik nich", sagte der Käpten.

„Was Sie glauben?" drängte der Richter.

„Tjä, ik glööv, wat se bi us an'n Diek all glöövt."

Dem Richter riß der Geduldsfaden. „Kennen Sie Doktor Martin Luther?" brüllte er den Alten an.

„Nä", sagte der Käpten gelassen. „Aver he schall mi woll kennen, mi kennt se ja jümmer all!"

Späte Antwort.

Zwei Bauern fahren zur Kirche. Unterwegs auf der Hinfahrt sagt der eine:

„De Haver steiht goot."

Als sie nach über einer Stunde zurückkommen, sagt der andere an der gleichen Stelle des Weges:

„De Weten ok."

Vossens „Luise“.

In Eutin am großen, schönen Eutiner See steht das sogenannte „Voss“-Haus. Hier wohnte von 1784 bis 1802 der Dichter Johann Heinrich Voss; hier übersetzte er Homer, Virgil, Ovid und dichtete seine „Luise“, ein Versepos, das heutzutage wohl kaum noch allgemein bekannt sein dürfte.

Zwei alte Schiffer gingen dort eines Tages spazieren. Nun ist es ja so, daß Schiffe fast immer Frauennamen tragen. Früher wurde das noch viel genauer eingehalten – Schiffe sind weiblicher Natur. Deshalb heißen auch alle die kleinen Kähne „Anna-Susanna“, „Anette“, „Luise“, „Mathilde“ oder ähnlich.

Als nun die beiden Kapteins auf ihrem Spaziergang am „Voss“-Haus vorbeikommen, sagt der eine zum anderen:

„Hier hett Voss siene „Luise“ dicht’t.“

Sie sind schon halb um den See herum, da sagt der andere:

„Weer de denn leck?“

Die Stiftung.

In Bremen, so wird berichtet, gab es vor Zeiten eine Stiftung für ‚Verschämt-Verarmt-Gebildete'. Es war immer schwierig, sie zu vergeben, waren doch früher die Gebildeten meistens nicht verarmt und die Armen nicht gebildet genug. Und traf beides schon mal zu, war die in Aussicht genommene Person womöglich nicht verschämt, sondern offensichtlich auf das Geld aus.

Vergeben werden mußte aber die Stiftung. So fiel sie denn einstmals an den Dienstmann Johann Christian Ahlemann.

„Wat, du kriggst nu de Stiftung?" fragte ihn ein Kollege.

„Krieg ik", gab der Gefragte zu.

„Wo keem dat denn?"

„Ja, dat gung so: ik kreeg 'n Breef van so'n Afkaat, ik schull mal herkamen", begann Ahlemann zu berichten. „Na, dat dee ik denn ja. – ‚Sie sind Johann Christian Ahlemann?' fraagt mi de Keerl. – ‚Angenehm', segg ik."

Damit hatte er seine Bildung eigentlich schon hinreichend bewiesen! Aber das Verhör ging weiter. Ahlemann schilderte es so:

„‚Dennso müssen wir erstmal 'n kleinen Examen machen', seggt de Afkaat. ‚Wollen mal mit das Lesen anfangen.‘ Na, he langde mi ’n Book raver, ik kreeg dat verkehrt rum to faten un keem mit dat Läsen nich in Gang.

‚Lesen scheint nicht Ihre starke Seite‘, seggt de Afkaat. ‚Denn wollen wir es mal mit das Rechnen versuchen. Was ist die Hälfte von dreizehn?‘

Paß up! denk ik, nu will he di anschieten. Segg ik säß, is dat to minn, segg ik säben, is’t tovääl. Man sockse Keerls koent ja doch den Hals nich vullkriegen – : ‚Säben‘, segg ik.

‚Mit das Rechnen scheint es ebenfalls man flau bestellt‘, seggt de Afkaat. ‚Denn wollen wir mal sehn, wie Sie mit das Schreiben zurechtkommen.‘ He schoof mi ’n Striepen Papier un ’n Bleesticken hen. ‚Schreiben Sie mal Ihren Namen.‘

Na, ik plöög denn ja los: ‚Johann Christian Ahle–‘, do weer de Zeddel to Enn’n.

‚Na ja‘, seggt de Afkaat. ‚Schreiben is just auch nicht Ihre Stärke. Aber es geht wohl so hin. Sie kriegen die Stiftung!‘ “

Er weiß Bescheid!

Ein Lehrer erzählt den Kindern in der Religionsstunde die Geschichte von Saul, der zum König gewählt wurde, sich aber versteckt hielt, als man ihm die Kunde bringen wollte.

„Warum hatte Saul sich denn wohl versteckt, wo er doch König geworden war?“ fragt der Lehrer die Klasse.

Ein einziger Junge meldet sich.

„Na, Fidi Harms, weißt du es?“

Darauf Fidi mit überzeugender Schlauheit: „Er war bange, was er wohl fix einen ausgeben sollte!“

Wohin denn wohl –!

Die Lehrerin will ihren Schülern die Geschichte vom Wolf und den sieben Geißlein erzählen und möchte dabei durch kurze Zwischenfragen die Kinder aufmerksamer daran teilnehmen lassen.

Sie beginnt also: „Eines Tages wollte die alte Geiß ausgehen.“ Da nun unterbricht sie die Erzählung und fragt: „Wohin wollte sie denn wohl?“

Ein kleines Mädchen vom Lande ruft prompt: „Na’n Buck!“

Das macht, es hat die Nachtigall . . .

In einer Oldenburger Mädchenschule nimmt der junge Lehrer mit den 16jährigen Mädchen das Gedicht von Theodor Storm durch:

‚Sie war doch sonst ein wildes Blut;
nun geht sie tief in Sinnen,
trägt in der Hand den Sommerhut
und duldet still der Sonne Glut
und weiß nicht, was beginnen.

Das macht, es hat die Nachtigall
die ganze Nacht gesungen;
da sind von ihrem süßen Schall,
da sind in Hall und Widerhall
die Rosen aufgesprungen.‘

„Was war denn da geschehen?“ fragt der Lehrer. Die ganze Klasse sitzt stumm da und denkt angestrengt nach.

Der Lehrer versucht es noch mal. „Warum denn wohl war sie kein wildes Mädchen mehr, sondern ging nun still und tief in Sinnen? Weiß keine von euch den Grund?“

Da meldet sich Emma, die Dümmste der Klasse.

„Emma, du? Was also war geschehen?“

Darauf Emma: „Sie ist alt geworden!“

Tante Karline.

Während des Krieges hielten viele Leute sich Kaninchen, um sich dadurch hin und wieder einen zusätzlichen Braten zu verschaffen. Die Kinder wußten auch bald mit allem Bescheid, was die Kaninchenzucht betraf. Der Bock hieß fachmännisch ‚Rammler'.

Tante Karline, eine unverheiratete alte Kratzbürste, die in der Stadt lebt, ist zu Besuch gekommen. Neffe und Nichte, Heini und Lieschen, betrachten sie nachdenklich prüfend.

„Tante Karline, hast du auch Kinder?" fragt Lieschen.

„Nein, ich hab' keine Kinder", sagt die Tante ablehnend.

„Kriegst du denn bald Kinder?" fragt Heini.

„Nein!" sagt Tante Karline, nun schon grimmig.

„Warum kriegst du keine Kinder?" will Lieschen noch wissen.

„Laßt das dumme Fragen. Geht raus!" schnauzt die Tante sie an.

Heini und Lieschen gehen nach draußen.

„Ik will di wat seggen", entscheidet Heini, „dat is 'n Rammler!"

‚Groß' oder ‚klein' – ?

Zwei Männer unterhalten sich.

Sagt der eine: „Ich hab' ja man immer so Schwierigkeiten mit der Orthographie! Ich weiß immer nich, wann 'n Wort groß geschrieben werden muß und wann klein – !"

„Ooch – ", meint der andere, „das is ja ganz einfach, ganz einfach is das ja: Wat du anfaten kanns', schriffst groot, wat du nich anfaten kanns', schriffst littjet.

Paß mal auf! Woll'n mal nehmen – 'n einfachen Satz, 'n ganz einfachen Satz: ‚Die Katze sitzt hintern Ofen'. –

Also: ‚Katze' kanns' anfaten – schriffst groot; ‚sitzt' kanns' nich anfaten – schriffst littjet; ‚hintern' –, tja –, ‚Hintern' kannst anfaten – schriffst groot! ‚Ofen', ja, ‚Ofen' –: in'n Winter kannst'm nich anfaten, in'n Sommer kannst'm anfaten – –

Hest recht: Is d o c h Schietkraam!!"

Wie man den Zoll überlistet.

Von jeher haben die Leute an Grenzen oder in der Nähe von Häfen an der Küste sich die Köpfe zerbrochen, wie sie die Zollbeamten überlisten könnten.

Einen Kniff besonderer Art hatte sich ein Bauer aus der Marsch ausklamüstert. Der fuhr seinerzeit des öfteren nach Brake, wo er gute Beziehungen hatte und am Hafen billig einkaufte. Wie nun aber sollte er ungeschoren durch den Zoll kommen?

Er richtete seine beiden Pferde wochenlang ab, daß sie bei ‚Brrr!' nicht anhielten, – er versetzte ihnen dann mit der Peitsche einen kräftigen Hieb! – sondern im Galopp losrannten.

Als er sie – auch ohne Peitsche –, daran gewöhnt hatte, fuhr er wieder an den Braker Hafen und kaufte diesmal soviel ein, wie er grade kriegen konnte. Danach zockelte er gemächlich zur Zollsperre. Ein Zöllner kam denn auch an den Wagen und fragte, ob er was zu verzollen habe.

„Dat moet't Se denn woll wäten", sagte der Bauer und tat so, als wolle er anhalten. „Brr!" rief er seinen Pferden zu, die dann auch sofort losrannten.

„Brrr! Brrr!" schrie der Bauer aus Leibeskräften. Die Pferde galoppierten nun um so schneller, als ob ihnen eine Hornisse unterm Schwanz säße. Sie waren nicht zu halten!

Der Zöllner konnte nichts machen. Der Bauer hatte offensichtlich keine Schuld. Und was die Pferde so scheu und wild gemacht haben konnte, davon verstand er nichts.

Der Bauer aber lachte sich ins Fäustchen und lobte seine braven Pferde.

Was hält denn wohl ewig!

Ein Maurermeister hatte einen Backofen aufgesetzt und war auch mit der oberen Wölbung einigermaßen zurechtgekommen. Das glaubte er wenigstens und ging weg. Er hatte sich aber erst ein kurzes Stück vom Hof entfernt, als die Bauersfrau hinter ihm hergelaufen kam und rief: der Backofen sei schon wieder eingestürzt.

Der Maurermeister ließ sich indessen nicht aus dem Trab bringen. „Wat hollt dr denn woll ewig!" schrie er zurück und machte, daß er davonkam.

Tschä!!

Tante Frieda, klein und zierlich, trifft Tante Meta, groß und stattlich. Tante Meta hat einen neuen Hut auf, ein wahres Ungetüm mit einem ganzen Blumengarten darauf. Tante Frieda sieht zu ihm auf und drückt ihre Bewunderung aus mit dem landesüblichen, kurz gesprochenen:

„Hä!!"

Und Tante Meta sagt großartig von oben herab:

„Tschä!!"

Beste Verpflegung.

Tante Lina aß gerne gut, hatte aber lebenslänglich nicht so viel Geld, um sich das leisten zu können. Nun war sie alt. Da nun träumte sie, eine Freundin von ihr, die kürzlich gestorben war, käme aus dem Himmel zu ihr und berichtete freudig:

„Lina! Du kannst dich freuen: die Verpflegung ist hier oben Ia!!"

Der scharfe Blick.

Eine Dame aus der Stadt hat auf dem Land ein kleines Haus erworben, um da friedlich zu leben.

Sie macht Bekanntschaft mit ihren Nachbarn; darunter ist eine schlanke, schwarzhaarige Frau.

„Sie sind gewiß nicht von hier“, sagt die Dame, die sich norddeutsche Menschen wohl anders vorgestellt hat.

„Nee, ich bin nicht von hier“, bestätigt ihr denn auch die Frau.

„Das habe ich mir doch gleich gedacht“, sagt die Dame.

„Sie haben aber ’n scharfen Blick“, wundert sich die Frau. „Ich bin Sie nämlich aus Oldorf.“

Das war die Nachbargemeinde!!

Eine andere Frau hatte ein inneres Leiden und war sehr niedergeschlagen. Die Dame aus der Stadt versucht sie zu trösten.

„So schlimm wird es nicht sein“, sagt sie. „Wer noch so gute Zähne hat wie Sie, der kann keinen ganz kranken Körper haben.“

„So, meinen Sie das?“ fragt die Kranke hoffnungsvoll.

„Ja, das meine ich ganz bestimmt. So gesunde Zähne sind eben immer ein gutes Zeichen.“

„Ja, meine Zähne“, sagt die Kranke nachdenklich, „– die hab ich ja nun seit drei Jahren.“

Mord und Totschlag.

Kurz vor meinem Doktor-Examen war ich noch mal zu Hause bei meinen Eltern. Wenn ich mit meiner Mutter durchs Dorf ging und wir Bekannte trafen, sagten die beim Weggehn zu mir: „Na, denn Hals- und Beinbruch!“

„Wat seggt de?“ fragte meine Mutter.

„Hals- und Beinbruch.“

„Wat schall dat denn?“

„Na: for mien Examen.“

„Dat seggt'n doch blot bi Jägers!“

„Nä“, sagte ich, „dat seggt'n nu ok bi Examens un so'n Kraam.“

„Sso?!“ meinte meine Mutter, „denn moet ik mi dat ja marken.“

Ein paar Tage später brachte sie mich zur Bahn.

„Laat di't gootgahn“, sagte sie beim Abschied, „un schriev ok bold!“

Aber dann fiel ihr noch was ein. Sie nahm meine Hand noch mal, schüttelte sie tüchtig, kuckte mich mit ihren blauen Augen liebevoll an und sagte: „Na, un denn – denn: Murd un Dootslag!“

Mutter Augustchen telephoniert.

Endlich hatten wir damals in Brunswarden Telephon gekriegt! Und mit solchen technischen Sachen muß man sich ja erstmal vertraut machen.

Nun war das Telephon da: im Flur, an der Wand, mit Kurbel. Wenn meine Mutter telephonierte, setzte sie sich die Brille auf, nahm die Küchenschürze ab, und dann ging sie ran!

Einmal wollte sie mit ihrer Cousine Fifi sprechen und bat mich: „Verbind' mich mal eben mit Fifi!" Ich aber sagte: „Nee, Mutter, du mußt das nun mal endlich selber lernen. Kannst das doch man einmal selbst machen!"

Damals mußte man ja noch den Hörer abnehmen und kurbeln, und es meldete sich zuerst das Amt. Wenn man dann die Nummer gesagt hatte, dauerte es noch eine Weile, bis der Teilnehmer sich meldete.

Mutter Augustchen stand denn nun ja da – Brille auf der Nase, Küchenschürze weg –, nahm den Hörer ab, kurbelte, und sobald sie eine Stimme hörte, schrie sie:

„Fifi, bist du da? Hier bin ich!"

Das Photo von mir.

Zu der Zeit, als ich nach und nach als Schriftstellerin bekannt wurde, erschien in den „Bremer Nachrichten" zum ersten Mal ein Aufsatz über mich mit einem ziemlich großen Photo. Ich hatte mir ein paar Exemplare der Zeitung gekauft, und als ich das nächste Mal nach Hause fuhr, nahm ich eins davon mit. Ein bißchen genierte ich mich eigentlich, war aber doch auch stolz. Ich brachte meinem Vater die Zeitung, schlug sie auf und sagte:

„Hier, Vadder, kannst mal sehn!"

Vater August sah mich erstaunt an, nahm seine Brille, setzte sich mit der Zeitung in den gewohnten Stuhl am Fenster und betrachtete lange stillschweigend den Artikel mit dem Bild von mir. Dann sagte er als einziges:

„Sühst man doof ut."

Nach dieser ‚Anerkennung' allerdings las er Zeile um Zeile den Aufsatz sehr genau durch. Und im Dorf, da gab er dann an mit seiner Tochter, aber mächtig!

Die Sache mit dem Landeshauptmann.

1936 erhielt ich, zusammen mit Moritz Jahn und Wilhelm Scharrelmann, den Literaturpreis der

Provinz Hannover. Bei der offiziellen Preisverleihung am Nachmittag im Ständehaus wurden Reden gehalten, und jeder der Preisträger trug aus seinen Arbeiten eine Viertelstunde etwas vor. Ich war als letzte dran und las eine heitere Erzählung. – Danach waren wir beim Landeshauptmann zum Essen eingeladen. Der war natürlich mein Tischherr, weil ich die einzige Dame unter den Preisträgern war. Wir tranken einen guten Wein, und ich lobte ihn denn ja auch, und der Landeshauptmann erzählte von einem Lied: ‚Ich bin Soldat und zieh' durchs Land – mein Vater, der war unbekannt . . .' Da sagte ich: „Herr Landeshauptmann, wann singen Sie das denn mal vor?" Und er antwortete: „Eigentlich immer erst nach Mitternacht!" –

Dem Essen folgte ein Empfang in größerer Gesellschaft, an dem die Honoratioren von Hannover teilnahmen, und der in sämtlichen Räumen des Hauses stattfand. Nach einiger Zeit kam der Landeshauptmann zu mir und bat mich, meine Geschichte nun noch einmal vor diesem Publikum zu lesen. Ich lehnte ab: „Nein, Herr Landeshauptmann, wir Preisträger sind zu dritt, und ich möchte nicht, daß ich nur allein lese." Er aber meinte, es würde zuviel, wenn wir alle noch mal lesen würden, und meine Geschichte sei doch die heitere. Ich sträubte mich – es nützte aber nichts, und schließlich sagte ich: „Also gut. Dann werden Sie nachher das Lied singen!" – Ich las meine Geschichte, und das Fest ging weiter. Später saß ich gerade mit Wilhelm Scharrelmann zusammen in einem der kleineren Räume, da kam der Landeshauptmann, stellte sich vor mich hin und sang nun wirklich das Lied!

Ein paar Tage später fuhr ich wieder von Bremen aus nach Rodenkirchen zu Vater August. Er holte mich schon am Bahnhof ab. Ich hatte mir vorgenommen, ihm von der Preisverleihung hübsch im Zusammenhang zu erzählen, wenn wir zu Hause gemütlich bei einer Tasse Kaffee auf der Veranda sitzen würden. Aber er fing schon unterwegs davon an: „Tja, du hest ja nu 'n Pries krägen –!"

„Ja, dat heff ik denn ja."

„Ja – Robert Tantzen, de vertellde mi dat!"

„Ik vertell di dat nahsten richtig, wenn wi tohuus sund." Das tat ich denn auch, und natürlich erzählte ich ihm auch die Sache mit dem Landeshauptmann. Nun hätte man ja erwarten können, daß mein Vater am Schluß des Berichtes gesagt hätte: ‚Ssüh, dat's doch mal 'n moje Anerkennung for di.' Oder er hätte sagen können: ‚Is doch schöön for di, dat du den Pries krägen hest –.' Was aber sagte er?

„Nä – dat freit mi, dat du den Landeshauptmann to'n Singen krägen hest!"

Nach Mutters Tod.

Vater August machte nie viel Faxen um Gefühlsdinge, das lag ihm nicht. Als meine Mutter gestorben war, trauerte er sehr um sie, denn sie war die große Liebe seines Lebens. Aber er sagte in den Tagen zu mir: „Mit'n Trauerflor un so'n Kraam – dar will ik aver nix mit to doon hebben!"

„Dat hest du ok ja gar nich nödig, du hest ähr ja bi Läävtieden allens toleef daan", antwortete ich, legte ihm aber dann doch einen schwarzen Schlips hin und sagte: „Vadder, eerst nu – trag den man."

Was er denn auch tat. – Mein Bruder Enno kam aus Oldenburg zur Beerdigung angereist und trug nicht nur einen schwarzen Schlips, sondern auch einen Trauerflor um den Arm. –

Zwei oder drei Wochen später – ich war übers Wochenende wieder bei Vater August – kam mein Bruder Enno auch, und siehe da: Den Trauerflor hatte er um, aber er hatte schon einen bunten Schlips angelegt!

Als mein Bruder abgereist und ich mit Vater August wieder allein war, sagte er:

„Enno is ja ok gesund!"

„Wo meenst dat, Vadder?"

„Na, so'n Trauerflor um'n Ärmel – un denn 'n bunten Slips? Häävt ja een dat anner up!"

Die Grog-Bons.

Vater August gehörte dem „Club der Alten“ an: Das waren seine alten Freunde von früher, und sie trafen sich beim Wirt Kröpke hinterm Deich. Mit dazu gehörte Heinrich Ruschmann, der hatte eine große Mühle, die sich in einer stürmischen Nacht losriß und abbrannte. Er war unendlich fleißig und rührend bescheiden; er hatte sein Leben lang gearbeitet, auch gut Geld verdient, es aber – arglos wie er war – so angelegt, daß es in der Inflationszeit fast ganz verlorenging. Nun hatte er zwar noch Haus und Garten, aber Bargeld war nie viel vorhanden.

Vater August liebte diesen Freund und überlegte, wie er ihm ein bißchen helfen könnte. Der Auktionator in Rodenkirchen hatte eine Vertretung für eine Versicherung und daher Briefbogen, auf denen oben als Briefkopf gedruckt stand „Berlin, den . . .“ Das hatte Vater August herausbekommen, und nun diktierte er dem Auktionator ein Schreiben vom „Ministerium für geistige Angelegenheiten“, das an den Wirt Kröpke adressiert war. Dem Brief wurden „Grog-Bons“ ‚anliegend‘ beigefügt, die jeweils den Wert von zwei Grogs hatten. Gestempelt wurden die Bons mit einem Stempel, der noch aus der Franzosenzeit stammte und die Buchstaben ‚MAIRIE‘ druckte.

Als sich der „Club der Alten“ das nächste Mal versammelte, da kam der Wirt Kröpke zu Heinrich Ruschmann an den Tisch und sagte:

„Hier sind Grog-Bons für Sie angekommen!“

Nun war Vater Heinrich so reinen Herzens, daß er sich überhaupt nicht vorstellen konnte, jemand würde ihn etwa belügen oder auf den Arm nehmen – er glaubte alles. Aber diesmal kam ihm die Sache doch ein bißchen verdächtig vor: er wollte den Briefumschlag sehen, der aus Berlin gekommen sein sollte!

Der Wirt Kröpke ging denn ja auch raus, kam nach einer Weile zurück und sagte: „Das is ja aber auch zu dumm: Die Frauensleute hatten heute Waschtag, die haben doch wahrhaftig den Papierkorb heute morgen leergemacht und alles Papier zum Anheizen unter den Waschkessel gesteckt!“

Damit gab Heinrich Ruschmann sich aber noch nicht zufrieden: Der Stempel kam ihm komisch vor! Wieso ‚MAIRIE‘?

Da konnte Vater August ihn nun beruhigen: Das sei doch ganz natürlich, denn die Frau vom Reichskanzler Friedrich Ebert, die hieße ja ‚Marie‘, und deshalb stünde dieser Name auch auf dem Stempel!!

Ob er wollte oder nicht, Heinrich Ruschmann mußte ja nun glauben, daß alles seine Richtigkeit hätte. Als er aber nach Hause kam, seiner Frau und Tochter davon erzählte und die Grog-Bons zeigte, da meinten die: „Da kann nur August Rogge dahinterstecken!“

Der Fliedersekt.

Der 80. Geburtstag von Vater August wurde als großes Ereignis gefeiert, mit Gesangverein und allem, was auf dem Dorf zu solch einer Begebenheit dazugehört. Natürlich war es auch anstrengend für den Jubilar, aber Vater August überstand allen Trubel hervorragend: Nachts um 3 Uhr tanzte er noch mit seinem Freund Rudi Umbsen auf der Straße!

Auch am Abend des nächsten Tages wurde noch gefeiert, und für den dritten Abend waren wir zu dem Wirt Georg Schmedes im Dorf eingeladen. Der hatte erzählt, er habe Sekt angesetzt mit Fliederblüten, und den sollten wir probieren.

Vater August war nachmittags noch im Dorf unterwegs gewesen, und wir anderen – meine Freundin Hanna und ich, die auch eingeladen waren – hatten nach den voraufgegangenen Tagen eigentlich keine allzu große Lust mehr. Aber es half nichts: Als Vater August gegen Abend nach Hause kam – in seiner ausgebeulten Jackentasche steckte irgendwas, das in Zeitungspapier eingewickelt war – hatte er es schon ganz eilig:

„Man gau, man gau! Wi moet't dar ja hen – na den Fliedersekt!"

Wir merkten also, er war nicht aufzuhalten, und gingen denn ja auch los. Nun hatte Georg Schmedes schon vorher gesagt, er wisse nicht, ob der Sekt auch richtig knallen würde, es sei immer verschieden, je nachdem wie der Sekt gerade gelungen sei – für das richtige Knallen könnte er sich nicht verbürgen.

Wir saßen draußen in der Laube, der große Augenblick kam heran: der Fliedersekt wurde geholt, und Georg Schmedes wollte die Flasche öffnen.

Bevor er aber noch den Pfropfen aus der Flasche heraushatte, knallte es fürchterlich unter dem Tisch! Das war Vater August, und was er in der Jackentasche mitgebracht hatte, war eine Pistole mit Zündhütchen – die schoß er nun unter dem Tisch ab, damit der Fliedersekt wenigstens richtig (wenn auch zu früh!) knallte!

Wir erschraken nicht schlecht, und Georg Schmedes sagte: „Junge, Junge, nun knallt er doch wahrhaftig schon, bevor ich den Proppen überhaupt raus hab'!!"

Die Hochzeitsrede.

Als die Zeitschrift ‚Niedersachsen‘ noch im Carl-Schünemann-Verlag in Bremen erschien und auch da gedruckt wurde, hatte ich als Schriftleiterin des öfteren mit zwei Setzern zu tun, die in der Druckerei für die Zeitschrift arbeiteten: Hermann Steenbock und Wilhelm Grotwohl. Beide hatten eine erwachsene Tochter. Als die eine davon heiratete, kam Vater Steenbock zu mir und bat mich, ihm eine hübsche kleine Hochzeitsrede zu verfassen, – was ich denn auch tat. Er druckte sie sich in kleiner Schrift, damit er sie unauffällig in seiner Handfläche halten konnte, und hatte – wie er andern Tages berichtete – viel Erfolg damit.

Zwei Jahre später kam Wilhelm Grotwohl zu mir: seine Tochter heirate, meldete er, und ob ich ihm wohl bei seiner Hochzeitsrede helfen wolle. Er habe schon eine da, fein säuberlich gedruckt, ich möchte sie mal durchsehen, ob er sie so wohl halten könne.

„Die Rede ist gut“, sagte ich, als ich das Schriftstück gelesen hatte. „Sie ist kurz, herzlich, vom Standpunkt des Buchdruckers aus gehalten und auch noch mit Humor. Besser kann ich sie auch nicht machen.“

Vater Grotwohl lächelte listig. „Sie ist von Ihnen“, sagte er, „Hermann Steenbock hatte sie noch!“

Hat sie das nötig?

Meine Freundin Elsa Bracksieck war immer auf eine sehr liebevolle Weise stolz auf mich und pries meine Erzählungen, wo sie nur irgend konnte. So empfahl sie auch ihrer Hausgehilfin, ihrem Bräutigam zum Geburtstag doch ein Buch von mir zu schenken, – zu was sonst hätte sie ihr raten sollen!

Als Elsa dann aber eines Tages das Mädchen fragte: „Haben Sie die schönen Geschichten von Alma Rogge nun auch gelesen?“ antwortete die – etwas erstaunt über die Zumutung –:

„Nein. Ich mach’ ihr ja immer den Windfang auf!“ Sie kannte mich, was brauchte sie da noch ein Buch von mir zu lesen!!

Wau, wau, wau – –.

„Wau, wau, wau –“, kläffte der Hund, als ich einmal in ein Haus kam. „Wat hett de Hund so to blaffen?“ sagte ich.

„Och“, meinte die Frau, „wat schall de ool’ Baas, hett ja anners nix lehrt!“

Grütze macht was aus.

Die Wirtin einer Rönnebecker Gastwirtschaft hatte nach langer Witwenzeit wieder geheiratet. Die Nachbarn versammelten sich andern Tages in der Gaststube, um ihrerseits das Ereignis fröhlich zu feiern und zu begießen. Unter diesen Gästen war auch ich und wurde alsbald aufgefordert, doch eine kleine Rede zu halten, – was ich denn auch tat.

Als ich sie beendet hatte, kam ein schmächtiger Mann zu mir, um seine Anerkennung auszusprechen. Er mochte sich dazu berechtigt fühlen, weil auch er beruflich mit Kultur zu tun hatte: er trug die „Volkszeitung“ aus, die in unserer Gegend in fast jedem Haus gehalten wird. Viele Worte machte er nicht, er tippte sich an die Stirn und sagte bedeutungsvoll:

„Grütze macht was aus!“

Der ehrliche Mann.

Im Autobus saß ein Mann in dunkelblauem Anzug und Schiffermütze neben mir und fand alsbald – zwischen uns liegend – einen Mark-Schein.

„Gehört der Ihnen?“ fragte er mich.

Ich hatte mehrere solcher Scheine in meinem Portemonnaie gehabt, als ich meinen Fahrschein bezahlte, wußte aber keineswegs genau, wie viele es waren. So mochte ich nun nicht behaupten, daß er mir gehöre.

„Das müssen Sie doch wissen“, sagte der Mann, entrüstet über meine Liederlichkeit in Geldsachen. Ich wußte es aber wirklich nicht und sah erstmal weg, um ihm Zeit zu lassen, sich über diesen Fall schlüssig zu werden.

Als ich mich ihm nach einer Weile wieder zuwandte, drückte er mir 50 Pfennig in die Hand.

„Wir teilen“, sagte er schlicht, „finden Sie das nicht auch am besten?“

Ich fand das auch am besten!

August Hinrichs.

Er gehörte zu meinen nächsten und treuesten Freunden. Wer August Hinrichs nur aus seinen Komödien kannte, der kannte ihn nur halb, der konnte ihn ja nicht k e n n e n. Er war ein ungeheuer liebenswerter Mensch, wir haben ihn alle sehr geliebt. Dieser klein gewachsene Mann – er erzählte selber einmal, daß er sich wegen seiner kurzen Beine sogar die Unterhosen maßschneidern lassen mußte! –, mit seinen auffällig gespitzten Augenbrauen im ebenso gutmütigen wie pfiffigen Gesicht: Er war immer so d a, er war so quick, so lebendig, immer vorneweg, wenn irgendwas los war!

Einmal war ich – zusammen mit Karl Bunje – bei ihm und seiner Frau, die er ‚Muhle' nannte. Sie war eine unendlich liebe, zierliche Person mit vergißmeinnicht-blauen Augen. – Ich weiß nicht mehr, wie es kam, plötzlich waren die Männer im Gespräch bei der Politik, und dann kamen sie auf Friedrich den Großen. Es wurde ein endloses Palaver. Als wir gegangen waren, sagte ‚Muhle':

„Du, August, dat will ik di seggen: mit Früderk den Groten will i k aver nix to doon hebben!"

Nun hätte August Hinrichs ja sagen können: ‚Laat man, Muhle, van Politik versteihst du nix!'

Er aber sagte – ganz liebevoll –:

„Dat hest du ja ok gar nich nödig, un em deit't kienen Schaden!"

Als die kleine ‚Muhle' gestorben war, trauerte August Hinrichs lange um sie, und er schrieb wunderschöne Gedichte zu ihrem Gedenken. – Ein paar Monate später waren wir zusammen eingeladen in Wiesmoor. Wir ‚tagten' mit Jan Hinrichs, der Wiesmoor ja aufgebaut hat und betreute, im „Torfkrug". Nach einer Theater-Aufführung am Abend saßen wir noch zusammen, es wurde getanzt.

August Hinrichs tanzte nicht; ich wurde hin und wieder aufgefordert. Plötzlich aber stand August auf, verbeugte sich vor mir und sagte:

„Du kannst dir wohl denken, daß ich lange nicht getanzt habe." Ich antwortete: „Ja, mein' guten August, das kann ich mir wohl denken."

Natürlich dachten wir beide an die kleine ‚Muhle'. Dann aber sagte er munter:

„Kannst du Samba?"

Und schon legten wir einen schneidigen Samba aufs Parkett!

Agnes Miegel war bei mir in Rönnebeck zu Besuch. Ich hatte meinen Freunden gesagt – so zum Beispiel August Hinrichs und Waldemar Augustiny –: „Wer von Euch kommen will – Agnes ist da! – der soll kommen!“

Am ersten Morgen ihres Besuchs – am Abend vorher war Agnes Miegel eingetroffen – war wunderschönes Wetter, wir konnten auf der Terrasse sitzen, Freundin Hanna hatte dort den Frühstückstisch gedeckt. Wenn Agnes Miegel zu Besuch war, schlief sie oben in meinem Arbeitszimmer; von dort konnte sie schon früh morgens auf die Weser kucken; sie liebte das Wasser, es erinnerte sie an Königsberg.

Plötzlich sah ich draußen auf der Terrasse August Hinrichs stehen, der schon so zeitig erschienen war! Er hielt in jeder Hand einen ganz dicken, leuchtend bunten Primel-Strauß. Ich ging zu ihm, er gab mir einen von den beiden Sträußen, und ich sagte:

„August, Agnes ist noch oben, sie kommt gleich. Das sah zu schön aus, wie du da standst mit den beiden dicken Sträußen! Wenn sie nun runterkommt – sie ist als Gast ja schließlich die Hauptperson –, dann fänd’ ich es doch schön, wenn du sie mit den beiden Sträußen begrüßtest!“

Agnes kam, August ging auf sie zu mit den beiden Primel-Sträußen, überreichte ihr einen und sagte als allererste Begrüßung:

„Aber den andern, den kriegt Alma!“

Kostümfest im „Astoria".

Ende der zwanziger Jahre wurde ich gebeten, bei einem Kostümfest im Bremer „Astoria" als Wirt einer kleinen Kneipe das Publikum zu amüsieren.

Alfred Schünemann machte mit einer Zigarrenkiste den Kassierer, Hanna Thimig fungierte als ‚Animierdame' und ich versuchte die Stimmung mit Anekdoten zu steigern –: Das ‚Geschäft blühte' denn auch bis in den Übermut!

Da erschien – zusammen mit Rudolf Alexander Schroeder – spät in der Nacht auch Emil Waldmann, der Direktor der Kunsthalle in Bremen, nebst Gattin Minerva. Natürlich ging ich sofort auf die illustren Neuankömmlinge ein! Und Emil Waldmann revanchierte sich mit einer Frage:

„Sagen Sie mal – Ihr Vater ist doch Bauer in der Marsch; was hat der Ihnen denn zu Weihnachten geschenkt?"

„Vater August –? 1.000 Mark hat er mir geschenkt." – „Donnerwetter! Und was haben S i e ihm geschenkt, dem reichen Marschbauern?"

„Ein Stück Seife für seinen Gummikragen! Kostet 28 Pfennige."

Waldmann schüttelte den Kopf und sagte – mit norddeutsch zugeschnürter Kehle –:

„Gigerl bleibt Gigerl!"

Die „Morsgilde“ bei Friedo Lampe.

In den zwanziger und dreißiger Jahren bestand ein stets durstiger und unternehmungslustiger Freundeskreis, zu dem neben einigen anderen Waldemar Augustiny – kurz ‚August‘ genannt –, Alex Mrugowski aus Hamburg und Georg Grabenhorst aus Hannover gehörten. Wir nannten uns „Die Morsgilde“.

Eines Abends waren wir eingeladen: zur Erdbeerbowle bei der ‚fürnehmen‘ Mutter unseres Freundes Friedo Lampe, in deren großem Haus am Osterdeich in Bremen. Alle Mitglieder der „Morsgilde“ warfen sich ‚in Schale‘ – galt es doch, einen der noblen Umgebung entsprechenden Eindruck zu machen. – Die Erdbeerbowle brachte uns in Stimmung; und als ich stürmisch aufgerufen wurde, eine Anekdote zum besten zu geben, ließ ich mich nicht lange bitten und legte los.

„Ich erzähle die Geschichte vom Papagei!:

Frau Bohlmann verreist. In der Wohnung zurück bleiben der Papagei und das Dienstmädchen, das – neben anderen Pflichten – nun auch das Tier zu versorgen hat. – Als die Frau, Wochen später, nach Hause kommt, eilt sie sofort zum Käfig: ‚Lorchen! Mein Lorchen! Ich bin ja wieder da, wieder da – mein Lorchen! Nun begrüß’ mich doch mal!‘

Lorchen seggt nix!

Die Frau wird noch zärtlicher: ‚Aber Lorchen! Mein Lorchen – freust du dich denn gar nicht, daß Frauchen wieder da ist?‘

‚- - - -‘

‚Sag mir doch, mein Lorchen, wie du dich freust!‘

‚Klei di an’n Mors‘, sagt der Papagei.

Entsetzt wendet sich die Frau an das Dienstmädchen: ‚Aber Anna!! Wie ist denn das möglich?!‘

Anna zieht die Schultern hoch:

‚Dat weet ik ok nich – dat moet dat Tier sik utdacht hebben!‘“

Brüllendes Gelächter der „Morsgilde“!!

Nur Friedos Mutter lachte nicht, sie hatte nicht alles verstanden. Frau Lampe gehörte zu den Bremerinnen, die nicht ‚Tisch‘ sondern ‚Tüsch‘ sagen; sie fand auch, daß in Friedos Roman das Wort ‚pinkeln‘ nicht nötig gewesen wäre – sie würde höchstens ‚pünkölln‘ gesagt haben!

Weil ich das wußte, hatte ich einen Satz leiser als sonst gesagt, damit sie ihn vielleicht nicht so ganz spitzkriegte. Das war auch offenbar gelungen, denn nun wandte sie sich an ihren Sohn und fragte ahnungslos:

„W a s sagte der Papagei?“

Und Friedo brüllte ihr jubelnd ins Ohr:

„Klei di an’n Mors!!“

Lunch im Grünen.

Tami Oelfken rief aus Berlin an: „Wir sehen uns morgen in Bremen! Ich komme mit einem Freund, der Engländer ist, laden Dich zum Lunch ein und fliegen nachmittags nach London weiter! Treffpunkt halb 1 Uhr am Wall – am Wallgraben, wo Du die schöne Mühle vor Dir hast. Wir freuen uns auf Dich!"

Ich ging von meiner Behausung in der Kohlhökerstraße am nächsten Tag durch die Anlagen am Wall. Es war naßkalt und windig – ‚Bremer Wetter'. Um so mehr freute ich mich auf ein schönes Essen, sah die Speisekarte im „Flett" schon vor mir, kritisierte in Gedanken das alberne Wort ‚Lunch' anstelle von ‚Mittagessen', – na ja, er ist Engländer.

Fröhliches Wiedersehen. Wir schlendern durch die Sögestraße, dann zurück zu den Wallanlagen – mich friert, und ich sehne mich nach einem Doppelkorn und warmem Essen. Doch Tami nimmt auf einer Bank Platz, sieht einen Stand mit Obst und sagt zu ihrem Engländer:

„Hole uns doch Bananen und Apfelsinen – es ist so schön hier – nehmen wir den Lunch im Grünen!"

So schnell habe ich mich selten verabschiedet! In Blitzeseile war ich bei meiner Wirtin in der Kohlhökerstraße in der Küche:

„Bitte, Frau Söhnchen, hier ist ein Pfund Spargel – gekochter Schinken ist in der Speisekammer – junge Kartöffs und Petersilie dazu – und reichlich Butter! Ich hab' einen Wolfshunger!!"

Oben in meiner Bude trank ich erstmal einen herrlich kühlen Korn und freute mich auf meinen ‚Lunch'!

Jeder kann riechen, wie er will.

Moritz Jahn, der bekannte niederdeutsche Autor, steigt eines Tages in Braunschweig in eine Straßenbahn, bleibt aber vorerst auf der hinteren Plattform stehen, um den Stummel seiner schwarzen Brasilzigarre zu Ende zu rauchen. Er ist neben eine Frau geraten, die, in voller Kriegsbemalung, mit starken Düften duftet. Als Moritz Jahn jedoch die erste Rauchwolke ausstößt, bemerkt sie entrüstet: „Hier ist ja wohl Rauchen verboten!"

Darauf Moritz Jahn: „Als ich mich neben Sie stellte, dachte ich, hier dürfe wohl jeder riechen, wie er will!"

Die großen Oldenburger Füße.

Die Oldenburger Landsleute haben große Füße – das ist weit und breit bekannt, und daran sind sie überall leicht zu erkennen. Andere Menschen mögen darüber lachen, so viel sie wollen, – große Füße haben auch ihr Gutes: Die Moorleute sacken nicht so leicht damit ein, im weichen Kleiboden der Marsch kommt man besser damit voran, und auch sonst sind sie oft vorteilhaft zu gebrauchen.

In der Rodenkirchener Gegend war mal ein Kerl, der hatte ganz ungewöhnlich große ‚Kähne' an seinen Beinen. Wenn nun im Sommer auf dem Feld geheut wurde, und die Knechte und Mägde mittags 'n büschen schlafen wollten, sagten sie zu ihm:

„Kumm, Janhinnerk, legg du di up'n Rurch un laat diene Fööt hochstahn, denn koent wi moi in'n Schadden liggen!"

Der Amtsdiener vom Rathaus in Blumenthal brachte mir eine persönliche Nachricht ins Haus. Sobald er den Mund aufmachte, sagte ich:

„Se sund doch ok Ollnborger –!"

Da hob er mir seinen Fuß entgegen:

„Ik heff mienen Paß jümmer bi mi!"

Der Pastor in Rodenkirchen.

Eine rechte ‚Anekdoten-Persönlichkeit' war Pastor Wilhelm Ramsauer in Rodenkirchen. Er kannte jeden größeren Bauernhof im Oldenburgischen und war stolz darauf, in der Gemeinde zu amtieren, in der der Hof mit der besten Bonität, dem besten Boden-Wert weit und breit, lag. Er war ein kluger und frommer Mann, er hatte ein goldenes Herz, und er war ein Original – man erzählt sich viele Geschichten von ihm.
Als er einmal gefragt wurde, was für ein Leben er sich wünschen würde, wenn er es noch einmal von vorn beginnen könnte, da war seine Antwort:

„Ich würde Gott bitten, mir das Leben zu geben, das ich gehabt habe."

Ein großer Prediger war er nicht; er predigte nicht gerade schlecht, aber auch nicht gut. Doch alle im Dorf mochten ihn. Als er den letzten Gottesdienst vor seiner Pensionierung hielt, war die Kirche in Rodenkirchen so voll besetzt wie wohl noch nie – und das heißt was, denn allzu fleißige Kirchgänger sind die Leute in der Marsch nicht!

Verheiratet war er mit einer Rodenkirchnerin – wir nannten sie nur ‚Grete Pastor'. Es war eine gute und glückliche Ehe. Sicherlich war ein Pastorengehalt in damaliger Zeit nicht groß, und die Kosten für eine Reise zum Beispiel waren gar nicht so leicht aufzubringen. Einmal aber hatte ‚Grete Pastor' doch für ein paar Wochen zu Verwandten fahren können. Ein Freund fragte Pastor Ramsauer während dieser Zeit:

„Wie lange bleibt Ihre Frau denn weg, noch 14 Tage?"

Da sagte er: „Nein – so weit reicht Gottes Güte nicht."

Um dem meist nicht besonders guten Kirchenbesuch ein bißchen aufzuhelfen, achtete ‚Grete Pastor' sehr darauf, daß wenigstens aus der Pastorei immer zwei Personen am Gottesdienst teilnahmen. Entweder ging sie mit der Tochter oder mit dem Hausmädchen sonntags in die Kirche. Ostern nun wollte das Hausmädchen die Feiertage über zu ihren Eltern fahren. So besuchte ‚Grete Pastor' beide Ostergottesdienste.

Beim Mittagessen am zweiten Feiertag sagte sie: „Wilhelm! Du hast ja heute genau dieselbe Predigt gehalten wie gestern!?"

„Tja", antwortete Pastor Ramsauer darauf, „es gibt ja aber auch wohl in der ganzen Gemeinde nicht noch ein so'n verrücktes Mensch, das an zwei Tagen hintereinander zur Kirche geht!"

Eine Anweisung der Kirchenbehörde besagte, daß der Gottesdienst ausfallen konnte, wenn die Beteiligung unter 5 Personen lag. – Eines Sonntags radelt eine Verwandte von Pastor Ramsauer durchs Dorf, hört die Glocke läuten und denkt: ‚Ich bin schon so lange nicht mehr in der Kirche gewesen, und heute hätte ich ja eigentlich Zeit – geh' man mal hin.' Sie stellt ihr Fahrrad ab und geht den Kirchenhügel hinauf. Da verläßt Pastor Ramsauer gerade – wegen Mangel an Beteiligung! – die Kirche, um nach Hause zu gehen. Er sieht die Frau, läuft auf sie zu und sagt: „Wullt woll na Huus?!"

Als ich das Abitur nachholen mußte, um studieren zu können, gab Pastor Ramsauer mir Unterricht in Latein. Sein Studierzimmer lag neben dem Eingang der Pastorei – er konnte mich also schon durchs Fenster kommen sehen. Wenn ich dann zur verabredeten Zeit zu ihm ging, bimmelte die Glocke an der Haustür, dann klopfte ich an seine Tür, und er rief „Herein!". Aber jedesmal beim Aufmachen der Tür sah ich gerade noch, wie er im letzten Augenblick die Beine vom Tisch nahm! Dann stand er auf und machte zur Begrüßung eine tiefe Verbeugung vor mir – aber er war nicht bereit, eine Sekunde eher seine Gemütlichkeit aufzugeben, obgleich er doch genau wußte, daß ich kam!

Pastor Ramsauer hatte eine ‚Passion‘: Er liebte Bier! Nicht, daß er zuviel trank, aber ‚5 Tulpen hell‘, die trank er mit Genuß! Zum Leidwesen von ‚Grete Pastor‘. Schickte sie ihn los, irgendeine Besorgung zu machen, dann beeilte er sich ungeheuerlich, um gerade eben genug Zeit zu haben, in der Bahnhofswirtschaft schnell ein oder zwei ‚Tulpen hell‘ zu trinken. Dann eilte er mit fliegenden Rockschößen nach Hause zurück – und trank dort in aller Unschuld ein Glas Wein, das ‚Grete Pastor‘ ihm schon vorher versprochen hatte, wenn er denn doch pünktlich und ohne einzukehren heimkäme!

Er wußte sehr genau, wo es das beste Bier gab, und unterhielt sich oft und gern mit dem jeweiligen Wirt über Pflege und Lagerung des Bieres. Ich war einmal bei einem solchen Gespräch dabei, und da sagte er in seiner Begeisterung leise zu mir: „Es ist der Eros!“ Er hatte ja recht, denn was ohne Liebe geschieht, ist schlecht getan. Immerhin ist ein solcher Ausspruch von einem Geistlichen und dann noch in Bezug auf ‚Tulpe hell‘ wohl doch zumindest ungewöhnlich!

Von Pastor Ramsauer stammt denn auch der schöne Spruch:

„Und also spricht der Seelenhirte:
Das gute Bier liegt auch am Wirte!“

Als Pastor Ramsauer pensioniert wurde, verbrachte er seinen Lebensabend in Oldenburg. Dort besuchte ich ihn einmal. Als ich im Wohnzimmer Platz genommen hatte, kam ‚Grete Pastor' und brachte einen selbstgemachten Quittenschnaps. Den schenkte sie ein in Weingläser, nicht in Schnapsgläser, weil der ja nicht so sehr hochprozentig ist. Gerade hatte sie eingeschenkt, da klingelte es an der Haustür, und sie eilte hinaus. Kaum war sie draußen, nahm Pastor Wilhelm sein Glas, warf mir einen Blick zu – der hieß: „Du verstehst mich!" – trank das ganze Glas in einem Zuge aus, schenkte sich wieder ein, und als seine Frau hereinkam, saß er still und bescheiden da – aber er hatte ein Glas voraus!

Pferdeaufzucht.

Pastor Ramsauer erzählte selber auch gern Anekdoten. Eine davon ist diese:

In Strückhausen lebte Niklaus Timm, der ein bekannter und begeisterter Pferdezüchter war. Der hatte denn ja nun bei der Aufzucht auch dafür zu sorgen, daß die jungen Pferde lernten, in Zügeln zu gehen. Davon träumte er noch nachts, zügelte im Traum die Pferde – und zerriß dabei die schönen Bettbezüge, zum Entsetzen seiner Ehefrau!

Nach Eulenspiegels Art.

Heinrich Achgelis saß als Bauer auf seinem stattlichen Hof in Butjadingen, und da früher die Bauern in der Marsch ein bequemes Leben und wenig Sorgen hatten, war er fröhlichen Gemütes und immer zu lustigen Streichen aufgelegt.

Als er eines Tages ins Dorf gehen wollte, trug seine Frau ihm auf, Zwiebäcke mitzubringen.

„Woväál?“ fragte Heinrich zurück.

„Sovääl as du drägen kannst“, warf Mutter Achgelis so hin und dachte dabei an eine große Tüte, weil auch die Mägde und Knechte am Sonntag zum Frühstück Zwiebäcke haben sollten.

Heinrich Achgelis lieh sich im Dorf ein Joch und zwei große Kiepen, die er mit Zwiebäcken füllen ließ, soviel er davon kriegen konnte. Damit kam er nach Haus. Seine Frau schlug die Hände über dem Kopf zusammen. Und eine Woche lang gab es auf dem Hof Zwiebäcke satt!

Ein anderes Mal fuhr Heinrich Achgelis samt seiner Frau mit Pferd und Wagen von einer Feier nach Hause. Unterwegs spürte Mutter Achgelis ein menschliches Bedürfnis.

„Vadder, ik moet mal eben van'n Wagen“, meldete sie an.

Der Wagen hielt, und Mutter Achgelis kletterte herab. Aber wohin sollte sie sich hocken, es befand sich in der Nähe weder ein Schafskofen noch ein Heck, und Sträucher gibt es an den Landstraßen in der Marsch schon gar nicht.

„Sett di doch achtern unnern Wagen", riet ihr Heinrich.

Das tat sie denn auch. Kaum aber hatte sie angefangen zu ‚klötern' – der akustische Ausdruck für das, was da geschah! –, trieb ihr Heinrich das Pferd mit einem „Jüh!" und Zügelschlag an, und Mutter Achgelis saß frei weg und ungedeckt mitten auf der Straße!

‚Terrain' –!

August Hellmers war ein Bauer in der Gemeinde Rodenkirchen, sein Hof lag in Düddingen. An manchem Vormittag ging er quer durch die Felder zu Vater August in Brunswarden. Da saßen dann die beiden Freunde miteinander im Sofa, tranken einen Korn und redeten über das Wetter und die Felder, über das Vieh und die Menschen. August Hellmers erzählte gern und treffend, es war ein Vergnügen, ihm zuzuhören.

Einstmals war er in der Stadt Oldenburg gewesen. „Wo hett di dat dar denn gefulln?“ fragte Vater August.

„Dat is all nix for mi“, sagte August Hellmers. Und mit einer weiträumigen Armbewegung setzte er hinzu: „Ik moet Terrain um mi hebben.“

Überflüssige Schreiberei.

Einmal berichtete August Hellmers, ihm sei ein Versehen unterlaufen, demzufolge er zuviel an Steuern bezahlt habe. Vater August riet ihm, den Leuten vom Finanzamt zu schreiben und ihnen die Sache zu erklären. Schreiben aber war August Hellmers tief zuwider, wahrscheinlich hat er in seinem ganzen Leben nie einen Brief vom Stapel gelassen. So lehnte er das Ansinnen denn auch sofort ab und entschied kurz und bündig:

„Ah wat, ik schiet se woll wedder an!“

Das tat er dann auch, ohne dabei zu übertreiben. Der Fall war damit aufs einfachste erledigt: er hatte keine lästige Schreiberei davon – und das Finanzamt auch nicht!!

Bäten sieder!

In der alten Dorfkirche von Rodenkirchen fand eine Taufe statt. Friedel Fuhrken, ein hochgewachsener Mann, hielt als Pate den Täufling sorgsam an die Brust gepreßt. Als nun der Augenblick kam, wo einige Wassertropfen auf das unschuldige Haupt des Kindes geträufelt werden sollten, hätte der Pastor den Täufling gerne etwas niedriger und somit handlicher gehabt. Da er am liebsten plattdeutsch sprach, flüsterte er dem Paten zu:

„Bäten sieder!"

Friedel Fuhrken war nicht darauf gefaßt, bei einer so heiligen Handlung plattdeutsch angesprochen zu werden, verstand das ‚Bäten siedèr' – ‚etwas niedriger' – als „Beten Sie doch!" und begann laut und stockend zu beten: „Vater unser, der du bist im Himmel . . . . ."

Der Taufakt erlitt eine Verzögerung!

– Einige Wochen später hatte besagter Friedel Fuhrken eines Abends im Wirthaus wacker gezecht, war sehr müde geworden, legte den Kopf auf seine Arme und schlief ein. Dabei nun ragte sein weißer Kragen – er war nach der damaligen Mode ungewöhnlich hoch – weit über den Rockaufschlag hinaus. Ein Zechgenosse, der die Geschichte kannte, schrieb mit Bleistift darauf: „Bäten sieder!"

Kündigen läßt sie sich nicht.

Lange Jahre hindurch hatte Nettchen auf dem Kloppenburgschen Hof im Hoben brav und fleißig gedient. Nun war sie alt, konnte nicht mehr recht arbeiten und tüdelte so rum. Sie hatte aber eine verheiratete Tochter, zu der sie auf ihre alten Tage ziehen konnte. So entschloß sich denn Frau Kloppenburg, ihr nahezulegen, sie solle ihre Stellung auf dem Hof doch aufgeben, – ihr also zu kündigen.

„Tjä, Nettchen, wat ik di seggen wull", begann sie vorsichtig, „du bust nu oolt noog, un ik meen, du schußt de Arbeit hier bi us man upgäven. Wi moet't us nu woll trennen."

„Dar kann nix van weren", wies Nettchen sie sofort zurecht. „Ik höör dr hier nu just so goot mit to as ji."

Und Nettchen blieb.

Das Denkmal in der Stube.

In Elsfleth an der Weser steht ein schlichtes Denkmal mit einem weißen Medaillon daran, auf dem das Relief eines verdienten Mannes zu sehen ist. Dieses Denkmal kennen alle Leute in und um Elsfleth, also auch die kleine Hanne, die vom

Lande kam und mit 14 Jahren ihren Dienst antrat bei Dokters im nahen Brake. Die Frau des Doktors erklärte Hanne, was sie morgens zuerst zu tun habe: die Stube fegen, den Frühstückstisch decken, Kaffee kochen und den Ofen heizen.

Am andern Morgen war auch alles in Ordnung bis auf den noch völlig kalten Ofen.

„Warum haben Sie denn den Ofen nicht geheizt?“ fragt die Frau.

„Ofen? Hier ist ja kein Ofen.“

„Aber da steht er doch“, sagt die Doktersche und weist auf den Kachelofen, den vorne ein weißes Medaillon ziert, wie es früher üblich war.

„Och, ich dachte, das wär'n Denkmal“, sagt die kleine Hanne.

Der Bilderkauf.

Einmal kam ein Kaufmann aus dem Oldenburgischen mit seiner Frau und seinem Bruder nach Bremen, um ein Bild zu kaufen, ein Ölgemälde, das der Silberhochzeit eines guten Freundes Glanz verleihen sollte. Der war Bauer in der Nachbarschaft.

Man empfahl ihnen einen jungen, begabten Maler, der schöne Landschaften vorrätig hatte. In seinem Atelier stellte er die Gemälde nacheinander auf die Staffelei. Während die beiden Männer sich ziemlich schweigsam verhielten und nur durch Kopfschütteln oder Knurren ihre Ablehnung bekundeten, äußerte die Frau unverblümt ihre Meinung: „Das mag ich nicht leiden!" oder „Nein, das ist mir zu blau!" und „Da kann ich mir nicht viel bei denken!". So wurde ein Bild nach dem anderen abgetan und an die Wand gestellt.

Endlich aber hatten sie ein Gemälde vor sich, das zu gefallen schien: den Hintergrund und die rechte Seite begrenzte ein grüner Tannenwald, vorne war ein frisch gepflügter Acker zu sehen, – ein harmonisch aufgeteiltes Bild. Schon sollte der Kauf eingeleitet werden, als der Bruder, auch ein Bauer, aufstand, mit ausgestrecktem Arm auf das Bild wies und sagte:

„Dat kann mienlääv nich angahn, s o plöögt kien ornligen Buur!"

Damit war auch das Bild erledigt. Der ständige Anblick verkehrtliegender Ackerschollen konnte keinem Bauern zugemutet werden!

Sie erhoben sich, schritten von hinnen und fuhren nach Worpswede, wo sie ein Bild kauften mit blankem Wasser und einer grünen Wiese, an der es nichts zu bemängeln gab.

Das Etikett.

Es muß um die Jahrhundertwende gewesen sein, als Marie Brumund in Varel Hochzeit halten wollte. Ihr Bruder Ernst wurde losgeschickt, den Wein zu besorgen. Er ging also zum Kaufmann, der ihn mit in seinen Keller nahm, um die richtige Sorte auszusuchen. Da lagen fünf Fässer, die probierten sie durch, einmal von der linken Seite zur rechten und danach noch mal zurück. Das Faß mit dem besten Wein wurde ermittelt, die gewünschte Anzahl von Flaschen bestellt und der Preis abgemacht. So war denn alles ehrlich und gut geregelt. Da aber hatte der Kaufmann noch eine wichtige Frage:

„Un wat for'n Etikett willt ji dar nu to hebben?"

Es wurde also noch ein vielversprechendes Etikett ausgesucht, damit die Hochzeitsgäste sich um so mehr des vorzüglichen Weines freuten.

Denn die Menschen allgemein schätzen nun einmal, – auch an sich – ein schönes Etikett!

Beim Photographen.

Ein Mädchen vom Lande kommt zum Photographen.

„Dag ok."

„Guten Tag."

„Ik wull woll 'n Bild maken laten – for mien' Brögam."

„Soll's ein Brustbild sein?"

„Ja –. Man egenlik wull ik geern den Kopp dr ok mit uphebben!?"

Ein Schlaumeier.

Ein junger Kerl kommt schneidig ins Dorf geradelt mit einem neuen Damen-Fahrrad.

„Wat hest du dar denn for'n Rad?" fragt ihn ein Freund.

„Dat is mien", sagt der junge Kerl stolz.

„Wo kummst dar denn bi?" fragt der andere.

„Ja –, dat will ik di seggen, dat keem so: ik harr mi drapen in'n Wald mit Linchen. Wi seten tohoop in't Moos un frundjeden so'n bäten mit'nanner. Do knööp Linchen ähr rode Bluus' apen, fummel an ähren Rock rum, – – un denn sä se to mi: nu kunn ik van ähr hebben, wat ik wull.

Un do heff ik dat Rad nahmen!!"

Das Gegenstück.

Die brave Grete hatte lange treu gedient bei Vater August in Absen und war nun in dem Alter, wo ein Mädchen ans Heiraten denkt. So bekam sie also zu Weihnachten ein Ölgemälde, das zwar nicht neu war, aber es paßte nicht mehr dahin, wo es vordem seinen Platz gehabt hatte. Es stellte eine liebliche Waldlandschaft dar, war von einem goldenen Rahmen umgeben und würde eine Zierde sein über den künftigen Ehebetten.

Grete schleppte es denn auch gleich zu ihrer Familie. Als sie nach Tagen gefragt wurde, ob denn das schöne Bild gefallen habe, zögerte sie.

„Das wohl“, sagte sie dann. „Aber nun müßte ich noch das Gegenstück dazu kriegen!“

Die schamhafte Braut.

Früher waren die meisten jungen Mädchen auf dem Lande noch unschuldig und scheu. Das ist heutzutage anders geworden. Wo denn könnte man noch eine so schamhafte Braut finden, die da sagte:

„Wenn ik wäten dee, dat mien Brögam wuß, dat ik 'n Mors heff, – ik schaamde mi to Dood!“

Drei Wochen Bedenkzeit.

Weit hinten in der Heide wohnte vor Zeiten ein Mann, der da seinen kleinen Hof bewirtschaftete und selten herauskam. Eines Tages im Sommer geht er ins nächste Dorf zum Gemeindevorsteher und sagt:

„Ik will nu doch freen. Kunnen Se mi tokumm' Freedag woll mit miene Meta tohoopgäven?“

„Tjä, so eenfach geiht dat man nich“, sagt der Gemeindevorsteher. „Se moet't eerst dree Wäken in'n Kasten.“

Unser Mann aus der Heide denkt bei ‚in'n Kasten‘ an nichts anderes, als daß er drei Wochen im Kittjen bei Wasser und Brot sitzen soll, um sich sein Vorhaben und was dabei herauskommen kann, noch mal ganz in Ruhe und gründlich zu überlegen, – was ja auch manchem Freiersmann sehr dienlich wäre! Er kratzt sich nachdenklich hinterm Ohr und meint:

„Ochott, dar heff ik nu just gar kien Tiet to. Wi hebbt dat so drock mit dat Heu, denn kummt dat Kurn, un nahsten moet't de Kantuffeln un Röben rinhaalt weern, – ik will doch lever bet to'n Winter töven, dat ik de dree Wäken afsitten do. Denn moet't Meta un ik us eerst noch so behelpen.“

Verschmäht.

„Du leve Tiet, Stina“, sagt die Nachbarin zu Stina. „Du wullt nu freen? Dat will mi doch gar nich in'n Kopp, will mi dat nich: 'n Wittmann mit säben Kinner, un supen schall he ok noch –?“

„Ochott ja“, sagt Stina, „dat is woll so. Man wenn een gar kienen Keerl kriggt, dat sutt ok so versmaht ut!“

Traurige Jugend.

Tante Lene besucht Tante Fifi in Brake. Sie trinken ausgiebig Kaffee und essen Kuchen. Dann gehen sie durch den Garten und kommen auch zum Hühnerstall, in dessen Auslauf sich Hühner und ebenso viele Hähne tummeln.

„Wieso hast du bei deinen Hühnern soviel Hähne laufen?“ fragt Tante Lene verwundert.

„Och, ich dachte, meine Hühner sollten es gut haben“, sagt Tante Fifi gemütvoll. „Wir haben ja auch man 'ne traurige Jugend gehabt!“

Hochzeitstelegramme.

Herr Klein will heiraten. Seine Braut heißt Krille. – Die Hausschneiderin, die immer einmal wöchentlich zum Ausbessern der Kleidung zu Mutter Klein kommt, schickt nun dem jungen Paar zur Hochzeit folgendes Telegramm:

„und ist es gottes wille
und soll es denn so sein
der klein der kriegt die krille
die krille kriegt 'n klein“

Die Hausschneiderin hatte einmal in der Woche ihren festen Tag bei dem alten Ehepaar Strauch. Als Frau Strauch das Zeitliche gesegnet hatte, entschloß sich der 75jährige Witwer, wieder zu heiraten.

Zur Hochzeit beglückte die Neu-Vermählten dieses Telegramm:

„so lasst gesine geffkens auch
ins jubelhorn nun tüten
sie wünscht dem guten alten strauch
noch viele junge blüten“

Singe, wem Gesang gegeben.

‚Singe, wem Gesang gegeben', diese Weisung befolgte die junge Frau eines Bauern, die eine gute Stimme besaß und deshalb Gesangsunterricht genossen hatte. Sie setzte sich eines Nachmittags an das Klavier und sang aus voller Kehle. Sie hatte sich ein Lied vorgenommen, das nicht volksliedhaft besinnlich, sondern anklagend dramatisch war. Auch steigerte es sich zu hohen Tönen.

Draußen im Garten gruben zwei Arbeiter die Gemüsebeete um und hörten durch das offene Fenster das laute Geschrei.

„Ochotte ja, de arme Fro", sagte da der eine, „weer dr dat Littje doch man eerst!"

Frauen unter sich.

Der Milchmann S. trinkt gern und oft einen über den Durst. Die meiste Arbeit überläßt er seiner Frau, die denn auch tagaus, tagein von morgens früh bis abends spät auf den Beinen sein muß, um Geschäft und Familie zu versorgen. Ausruhen und ausschlafen kann sie nur, wenn sie im Wochenbett liegt. Als das wieder mal soweit ist, bekommt sie Besuch von einer Nachbarin. Voller Mitgefühl meint die:

„Ja – war das denn nun nötig, daß Sie schon wieder ein Kind bekommen haben? Das is ja nun das Sechste!“

„Och“, gibt darauf die Frau des Milchmanns zur Antwort, „Se weet't ja sulben, wo dat geiht. Mien Mann mag dat geern un ik ok – Se weet't ja sulben, wo dat geiht: Se hebbt ja ok veer Kinner!“

Die Scheidung.

Da ist die Geschichte von der Frau, die zum Rechtsanwalt ging, um sich scheiden zu lassen.

„Herr Afkaat, ik wull woll van mienen Mann af.“

„Sso –! Wat is denn los?“

„Dar is nix los, Herr Afkaat!“

„Ja – wat denn?“

„Tschä, – mien Mann is Schipper un jümmer so vääl van Huus, dat paßt mi nich mehr. Dar will ik van af!“

„Dat hebbt Se aver doch vorher wußt!“

„Ja, dat heff ik ja woll wußt. Man so suur heff ik mi dat nich dacht. Nä, nä – dat will ik nich mehr.“

„Tja, so geiht't denn aver man nich. Wenn Se sik scheeden laten willt, denn moet't Se 'n richtigen Grund hebben!“

„Seggen Se mi is 'n paar!“

„Ja – suppt he woll?"

„Mien Mann un supen? Nä, Herr Afkaat, dat deit m i e n Mann nich!"

„So. – Ja: wenn Ähr Mann nich for Se sorgen deit, wenn he Ähr kien Geld gifft?!"

„Och, Herr Afkaat, wat denkt Se blot! Mien Mann, de bringt mi ja all, wat he verdeent, dat bringt he ja na Huus. Dat's ja so'n ornligen Mann, is dat ja."

„Oder wenn he woll nich goot mit Ähr is, – wenn he Ähr sleit!"

„Ogutt! Nä, Herr Afkaat! Dat wurd he ja nie nich doon. Mien Mann, de is ja so goot, is de ja. Nä, nä, dar droeft Se mi gar nich mit kamen."

„Ja! Denn gifft dat blot noch een – : Wie ist es mit der Treue!"

„D a r koent wi em mit kriegen, Herr Afkaat!! Dat letzte Kind is nich van em!"

Ein schlimmer Streich.

Ein schlimmer Streich widerfuhr dem Krämer Plumenohm, wie er allgemein genannt wurde. Der war ein guter Kerl und stand unter der Fuchtel seiner Haushälterin, die ihn streng hielt und keinen Spaß verstand. Geht ein Nachbar eines Tages früh am Morgen an seinem Haus vorbei, sieht in Plumenohms offenes Kammerfenster hinein, überlegt, eilt nach Hause, kramt im Kammkasten seiner Frau, geht zurück, steigt in die Kammer und wirft etwas unter Plumenohms Bettdecke. Danach reibt er sich vergnügt die Hände und geht von dannen.

Als die Haushälterin im Laufe des Vormittags Plumenohms Bett machen will, findet sie darin Haarnadeln und Frauenhaare. Sie stürzt spinnedoll in den Laden und macht einen großen Krach.

„Ik bun in Anstand un Ehren oolt wurrn, un wat moet ik nu beläben? Dat heff ik in Se ähr Bett funnen!“ Und sie wirft ihm die Beweise seiner Schande auf den Ladentisch. „Meent Se, ik will for Ähre gemeenen Wiewers dat Bett maken? Igitt, bi so’n olen Lustbuck van Keerl bliev ik nich enen Dag mehr!!“ – Der arme Plumenohm stand völlig verdonnert da und soll seine liebe Not gehabt haben, sich zu rechtfertigen und seinen Hausdrachen zum Bleiben zu bewegen.

Fuchs und Swienägel.

Der Swienägel geht am Sonntagmorgen spazieren, flötet vor sich hin und schießt koppheister. Da begegnet ihm der Fuchs.

„Wat bust du denn so vergnöögt un schuttst koppheister?" fragt der Fuchs.

„Ja, wat schall ik woll nich vergnöögt wäsen", antwortet der Swienägel, „ik heff mi ja befreet."

„O!" sagt der Fuchs, „dat's aver mal schööön!"

„Nä, so schööön nu wedder ok nich", sagt der Swienägel, „denn de Oolsch harr bannig Haar up de Tähnen un weer 'n ganzen Dunnerslag."

„O!" sagt der Fuchs, „dat's aver mal slimm!"

„Ochott, so slimm nu wedder ok nich", sagt der Swienägel, „denn se broch ja 'n Huus mit un 'n ganzen Büdel vull Geld."

„O!" sagt der Fuchs, „dat's aver mal schööön!"

„Tjä, so schööön nu wedder ok nich", sagt der Swienägel, „denn dat Huus is afbrennt un allens, wat dr mit in weer."

„O!" sagt der Fuchs, „dat's aver mal slimm!"

„Nähä! So slimm nu wedder ok nich", sagt der Swienägel und grient: „De Oolsch is mit verbrennt!!"

Hasengeschichte.

Diese Geschichte wird, wenn auch in jeweils etwas abgeänderter Form, von verschiedenen Orten des Landes berichtet.

Ein Bauer geht eines Abends durchs Dorf und sieht beim Gastwirt oben an der Bodenluke einen Hasen hängen. Er verschafft sich schnell beim Nachbarn eine Leiter, holt den Hasen herunter und bringt ihn dem Wirt.

„Ik heff di 'n Hasen mitbrocht, Kröger", sagt er.

„Oh, dat is aver moi", freut sich der Krüger.

„Eenen heff ik al hangen, man mit twee lohnt sik dat bäter. Denn koent wi ornlik inhaun!"

„'n goden Buddel Wien kannst dr nu woll al for utgäben", schlägt der Bauer vor.

Dazu war der Krüger gerne bereit. Sie tranken eine gute Marke, und der Bauer ging schmunzelnd davon.

Als der Wirt jedoch den zweiten Hasen an die Bodenluke hängte, – hing da wieder nur einer!

Der störrische Esel.

Vielleicht ist diese Geschichte von irgendwoher zu uns gelangt, erzählt wurde sie im Oldenburger Land.

Ein Mann hatte sich für seinen kleinen Wagen, mit dem er seinen Handel betrieb, einen Esel angeschafft. Nun gab es in dem Ort eine Brücke über das Sieltief, und vor dieser Brücke wurde der Esel allemal störrisch und blieb sturbeinig stehn. Mit Zerren vorn und Prügeln hinten dauerte es immer lange, bis der Händler ihn hinüberkriegte.

So klagte er eines Tages dem Apotheker seine Not. Der wußte sofort Rat. Er gab ihm Pillen und sagte: „Wenn er nun wieder nicht will, steck ihm hinten 'ne Pille rein. Sollst mal sehn, dann rennt er los!“

Nach einiger Zeit treffen sich die beiden Männer wieder. „Na“, sagt der Apotheker, „haben die Pillen geholfen?“

„Und ob!“ berichtet der Händler. „Mein Esel wollte denn ja wieder nicht über die Brücke, – ich steckte ihm hinten 'ne Pille rein, – und da ging er ja los!! Wie der Deubel sauste er ab. Ich hab mir selbst man fix auch 'ne Pille hintenreingesteckt, sonst hätte ich ihn überhaupt nicht wieder eingeholt!!“

Der Wetterprophet.

Da war mal ein Professor, der immer das Wetter machte, das heißt, er machte es ja nicht selbst, er sagte es nur voraus: ‚Morgen wird die Sonne scheinen!' oder ‚Morgen wird es regnen!'. Und dann kam es so, oder es kam auch nicht so.

Einmal nun fährt er mit seiner Kutsche über Land. Da sieht er eine Frau, die ihr draußen hängendes Zeug eilig von der Leine nimmt. Der Professor läßt halten.

„Meine liebe Frau", sagt er, „lassen Sie das Zeug ruhig hängen, es wird nicht regnen."

„Och nä", sagt die Frau, „ik will't doch lever rinhalen."

„Sie können mir glauben", sagt der Professor noch mal, „das Wetter bleibt heute gut. Ich weiß damit Bescheid."

„Nä, nä, dat gifft Rägen", sagt die Frau. „De Koh hett donahsten al so mit'n Steert slaan."

Es hilft dem Professor nichts: die Frau nimmt unbeirrt ihr Zeug ab, und er fährt weiter. Er ärgert sich über das Frauensmensch, das nicht auf ihn hören will, wo er doch so viel klüger ist als sie. Aber er weiß nicht, daß die Kuh so mit dem Schwanz geschlagen hat, weil die Fliegen sie so stechen, und die stechen so, weil sie vor dem nahenden Regen schnell noch Blut saugen wollen. Sie spüren das Wetter und verstehen sich besser darauf als die Menschen.

Nach einiger Zeit fängt es denn auch richtig an zu regnen. Das ist schon ärgerlich genug für den Professor, aber nun fängt der Knecht auch noch an, den Kopf zu schütteln und vor sich hin zu lachen.

„Was haben Sie denn zu lachen?“ fragt der Professor wütend.

„Och, ik moet man blot so lachen“, prustet der Knecht los, „dat 'n Koh in ähren Steert mehr Verstand van't Wäer hett as so'n Professer in sienen Kopp!!“

Schwerhörig.

„Dag, Willem! Wo geiht't?“
„Heff mi just 'n solten Hering kofft.“
„Ik heff di fraagt, wo di dat geiht!“
„Bi Harms an'n Haben.“
„Willem! Wo di dat gahn deit??“
„Hett säßundartig Penn' kost.“
„O Mann! Keerl!! – Lick mi doch an'n Mors.“
„Is jümmer noch de billigste Mahltiet.“

Paddelmann und Buddelhusen.

Zwei ältere Männer erinnern sich an vergangene Zeiten, und dabei kommt es zu diesem Dialog:

„Hest du Paddelmann kennt?“

„Nä - -, Paddelmann?“

„Wat, Paddelmann hest nich kennt?“

„Nä. Den heff ik nich kennt.“

„Dar moet’k mi aver wunnern, dat du Paddelmann nich kennt hest!“

„Tja. Heff ik aver nich.“

„Hest Buddelhusen denn kennt?“

„Buddelhusen –?“

„Ja! Hest Buddelhusen denn ok nich kennt?“

„Nä, Buddelhusen heff ik ok nich kennt.“

„Dat is aver ja –! Dar moet ik mi ja bànnig wunnern, dat du den nich kennt hest: Buddelhusen!“

„Nä. – Denn heff ik noch ehr Paddelmann kennt!“

Dumme Fragen.

Ein paar Leute aus der Stadt fahren im Sommer aufs Land und kehren in einer Gastwirtschaft ein. Der Wirt steht hinter der Theke.

„Haben Sie Wein?“ fragen die Städter.

„Heff ik“, sagt der Wirt.

„Was haben Sie denn: Weißwein?“

„Nä.“

„Also Rotwein?“

„Nä.“

„Aber Sie haben doch gesagt, Sie hätten Wein. Was haben Sie denn für welchen?“

„Gälen un vigeletten“, sagt der Wirt. Er nimmt es genau.

Der eine Städter will aber noch was wissen.

„Haben Sie auch Eis?“ fragt er.

Der Wirt sieht den Kerl an, als ob der nicht ganz richtig im Kopf wäre, tippt sich mit dem Finger an die Stirn und sagt:

„Ies – in'n Sommer?!“

Das Weihnachtsgeschenk.

Zwei Bauern kommen miteinander ins Gespräch über das bevorstehende Weihnachtsfest.

„Wat wullt du denn dienen littjen Jan to Wiehnachten schenken, Korl?“

„Och“, meint der, „ik maak dar nich vääl van – ik piss em 'n Glitsch!“

‚Kunjack' als Medizin.

Bauer Blohm geht zum Arzt. Der untersucht ihn und verordnet eine Medizin. Er kennt aber den Alten und will ihn den bitteren Trunk leichter schlukken lassen.

„Die Medizin schmeckt ziemlich scheußlich", sagt er. „Aber wenn Sie die einnehmen, kneifen Sie doch die Augen zu und denken, es wäre Cognac. Dann soll es wohl gehn."

„Och, mien gode Dokter", sagt Blohm, „kann ik denn nich lever 'n Kunjack nähmen un denken, dat weer de Medizin?!"

Oma Tienken ist krank. Sie hat Leibschmerzen und stöhnt sehr. Ihr Sohn flößt ihr ein volles Glas Cognac ein, der ihr scharf die Kehle kratzt.

„Ochott doch ok", sagt Oma hinterher. „De Medizin hett use Vadder selig so an de veertig Jahr innahmen. Wat hett de arme Keerl blot utholen mußt! Aver he schuder sik ok na jeden Sluck!"

Kleiner Irrtum.

Zwei Bauern in Butjadingen haben im Krug manches Glas geleert und begeben sich schwankend auf den Heimweg. Den kürzen sie ab, indem sie quer durch die Felder gehen. Als sie an einen Graben kommen, über den ein schmaler Steg mit einer Latte als Geländer führt, prescht der eine Bauer einfach durch den Graben, während der andere mühsam auf dem Steg entlangbalanciert.

Der da unten glaubt sich in seinem umnebelten Kopf auf dem richtigen Weg, sieht verblüfft zu seinem Kumpan auf und knurrt:

„Wo kannst du Hund nu woll noch up't Gelänner langsgahn!"

Losgelassen.

Ein Bauer hat im Dorfkrug ziemlich gezecht. Seine Freunde greifen ihm unter die Arme und bringen ihn nach Hause. Sie schaffen ihn zur Tür hinein und gehen weg.

Unser Bauer liegt nun auf der Diele und kann nicht wieder auf die Beine kommen. So findet ihn sein Sohn, sieht ihn da liegen und meint vermuten zu müssen, daß irgendwelche Kerle seinen Vater überfallen und verhauen haben.

„Vadder", fragt er erschrocken, „hebbt se di anfaat't?"

„Nä", sagt der Bauer kleinlaut, „se hebbt mi loslaten!"

Die ‚Knurr‘-Geschichte.

In der Stadt Oldenburg gab es einen Laden, wo man Schnaps und Korn, Weißwein und Rotwein und ähnliche gute Dinge kaufen konnte. Hierhin gingen die Leute vom Lande, wenn sie mal ‚geistige Kost‘ brauchten, denn der Kaufmann sprach Plattdeutsch und wußte mit ihnen umzugehen. Er kannte seine Leute und sah ihnen meistens schon an, was sie haben wollten, wenn sie gerade erst zur Tür hereinkamen.

Eines Tages fährt nun ein Kastenwagen vor, ein steifbeiniger Jan-Hinnerk steigt ab, bindet die Zügel fest, schlägt die Stränge über und stampft in den Laden. So, da steht er nun.

Unser Kaufmann hat ihn durchs Fenster schon kommen sehen. Er weiß, der Kerl da grunzt und knurrt lieber, als daß er redet. Am besten, man hilft ihm. Und so ergibt sich folgendes ‚Gespräch‘:

„Na, Jan-Hinnerk, schallt ’n bäten wat wäsen?“

„  “

„Will sik de Dochter befreen? Denn moet dr woll mal ornlik wat her.“

„  “

„Willt mal eerst bi’n Wittwien anfangen. Tein Buddel?“

„  “

„Ja, wenn du meenst, nähmt wi mehr: Fofftein Buddel?“

„  “

„Goot, denn twintig. – Un wo is’t mit Rootwien?“

„  “

„Oder lever söten Wien? De Froonslüüd moegt ja geern wat Sööts.“

„  “

„Dree Buddel Poortwien?“

„  “

„Lever mehr? Wenn de Froonslüüd dar eerst to kaamt, dann slickert se wat weg!“

„ 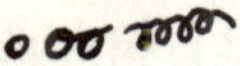 “

„Seggt wi säß Buddel, dat langt denn sachs –: Säß Buddel Poortwien.“

„ 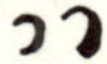 “

„Un wo is’t mit’n Sluck? So’n ‚hi-ha-harr’k-man-’n-Littjen‘! Twee Buddel Cognac?“

„  “

„Ja, oder bäter woll klaren Kurn? ‚Rein as Gotts Woort‘, so as Ji seggt. Den drinkt Ji ja doch up’t leefste.“

„  “

„Twee Buddel?“

„  “

„Seggt wi veer Buddel.“

„“

„Un wo is’t, drinkt Ji dar ok Grog bi? Kunn ja wäsen, Ji kregen kole Fööt, ’n ornligen Grog is jümmer goot, mag wäsen, wat will!“

„“

„Ik legg for all Gefahr ’n Buddel bi. Is ja nich weg, kannst jümmer bruken.“

„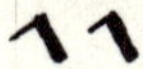“

Der Kaufmann schreibt auf, der Lehrling bringt die Flaschen schon zum Wagen. Jan-Hinnerk bezahlt, kratzt sich – die Mütze in der Hand – den Kopf an einer Stelle, wo es ihn eigentlich gar nicht juckt, blickt noch mal um sich und geht hinaus.

„Denn maak’t goot!“ ruft ihm der Kaufmann noch nach. „Laat’t Jo’t smecken! Neiht em man ornlik!!“

„“

Jan-Hinnerk fährt los. Er ist mit seinem Einkauf zufrieden. Und dann ist er auch der Überzeugung, daß sich mit dem Kaufmann gut umgehen läßt. Ihm selber, ja, ihm selber liegt das übertrieben viele Reden ja gerade nicht!

Man läßt sich Zeit.

In den Autobus steigt eine junge Deern, sieht eine Bekannte und fragt sie aufgeregt:

„Heini, mienen Broder Heini, hest den nich sehn?“

„Nä“, sagt die Frau, „heff ik nich.“

„Wat, den hest nich sehn, mienen Broder Heini?“

„Wo schall ik den woll sehn hebben.“

„He wull doch mit dissen Bus kamen“, beharrt die Deern. „Un du hest em säker nich sehn?“

„Nä“, sagt die Frau, „Ik kenn dienen Broder Heini ok ja gar nich.“

Nachwort

„Wenn Alma Rogge nach ihren Vortragsabenden oder einem Besuch bei Freunden nach Hause kam, streckte sie mir oft zu allererst strahlend drei, vier oder alle fünf Finger ihrer hocherhobenen rechten Hand entgegen! Das bedeutete: So viele neue Anekdoten hatte sie wieder ‚an'n Strand gezogen', wie sie es nannte. Selig erzählte sie dann – nein, lebte sie mir vor –, was sie gehört oder was ihr passiert war, und wollte sich ausschütten vor Lachen, das gemischt war aus dem Spaß an der Komik des Erzählten und der Beglückung über den gemachten ‚Fang'. Sie liebte Anekdoten über alles."

So weiß Hanna Wisser-Thimig zu berichten. Alma Rogge und sie waren, seit beide sich 1911 als junge Mädchen im Pensionat in Bad Kreuznach kennenlernten, Freundinnen für ihr ganzes Leben. Alles, was Alma Rogge schrieb, wurde zuerst der – kritischen – Freundin Hanna vorgelegt, sie erlebte die Entstehung aller Arbeiten als nächste Vertraute mit und ist heute als Erbin die Verwalterin des Nachlasses.

Vor nunmehr fast zehn Jahren, am 7. Februar 1969, starb Alma Rogge; ihre Geschichten aber sind lebendig wie eh und je, sie selbst ist unvergessen. Wer sie einmal erlebte, wird sich ihres meisterhaften Vortrags erinnern, wenn sie vor Publikum aus ihren Werken las und dabei durch ihre starke Persönlichkeit den herzlichen Kontakt mit ihren Zuhörern ins Freundschaftliche hinein zu vertiefen wußte. Und es waren unvergeßliche Stunden, wenn Alma Rogge im privaten Kreis ‚frisch von der Leber weg' Anekdoten zum besten gab und übermütiges Lachen die unvergleichliche Atmosphäre eines solchen Beisammenseins fröhlich krönte.

Was aber nur wenige wußten: Nach immer wieder geübter Erprobung durch den persönlichen Vortrag schrieb Alma Rogge ‚ihre' Anekdoten auf und erreichte darin eine Form, die so manchen „Schnack" über das Niveau der bloßen Schnurre hinaushob und den literarischen Anspruch der Anekdote wohl erfüllt.

So entstand in vielen Jahren nach und nach eine kleine Sammlung, deren einziger Mangel wohl nur darin besteht, daß sie nicht umfangreicher wurde.

In ihren letzten Lebensjahren sprach Alma Rogge einmal auch zu mir davon, eines läge ihr sehr am Herzen: ihre Anekdoten-Sammlung zu vervollständigen, abzurunden und zur Veröffentlichung fertigzustellen. Und niemand wußte besser um diesen Wunsch der Dichterin als Hanna Wisser-Thimig; sie bewahrte als besonderen Teil des Nachlasses eine Mappe, die ausschließlich Anekdoten für die geplante Herausgabe enthielt.

Den Einzel-Manuskripten beigefügt waren zwei Einleitungen, die – nun zusammengefaßt – diesem Buch voranstehen. Etliche Anekdoten lagen in mehrfacher Fassung vor; die jeweils erkennbar späteste und damit endgültigste Formung wurde ausgewählt, einige offensichtliche Schreibfehler korrigiert, hin und wieder die Interpunktion ergänzt sowie die Schreibweise der Wörter den im „Kleinen plattdeutschen Wörterbuch“ von Dr. Johannes Saß niedergelegten Richtlinien angeglichen; andererseits wurden für den nord-oldenburgischen Bereich typische Eigenarten des Plattdeutschen, landschaftlich gebundene Ausdrücke der hochdeutschen Umgangssprache sowie Eigenarten in der stilistischen Diktion der Autorin voll aus den Manuskripten übernommen – selbst auf die Gefahr hin, daß der eine oder andere Leser, aus seinem Verständnis heraus, daran Anstoß nehmen könnte.

Darüber hinaus wurde ein, ebenfalls im Besitz von Hanna Wisser-Thimig befindliches Tonband, das ein halbes Jahr vor ihrem Tode von Alma Rogge besprochen wurde, zum Vergleich herangezogen; und 15 Anekdoten, die nicht in schriftlicher Form vorlagen, sind von diesem Tonband übernommen worden. – Alma Rogge selber hat die für alle Anekdoten dieser Sammlung verbindliche

Form von hochdeutsch geschriebenem Rahmentext und zumeist plattdeutscher wörtlicher Rede bestimmt; daran sollte und konnte nichts geändert werden, und vermutlich kommt diese Art der Gestaltung auch dem Verständnis derjenigen Leser entgegen, die nicht ‚zweisprachig' im oldenburgisch-bremischen Raum aufgewachsen sind.

Zweifellos ist eine Reihe der in dieser Sammlung enthaltenen Anekdoten Alma Rogge zugetragen worden: So stammen z. B. die Anekdoten „Tschä!!" und „Beste Verpflegung" von Rudolf Alexander Schroeder, der sie auf jenem – nun auch anekdotisch überlieferten – „Kostümfest im ‚Astoria' " erzählte. Sollte der Leser die eine oder andere Anekdote schon vom Hörensagen oder in ähnlicher Form aus anderen Sammlungen kennen, so mag er auf das verwiesen sein, was Alma Rogge selber in der Einleitung dieses Buches darüber geschrieben hat und – sich des Wiedersehens mit ‚alten Bekannten' darum nicht weniger erfreuen!

Das nun vorliegende Buch wurde zusammengestellt und veröffentlicht, um weiterzugeben, was Freude machen kann: Schmunzeln und Lachen sind immer noch die beste Medizin gegen vieles Unerfreuliche.

So sollen diese Anekdoten „Grüße an alle" von der unvergessenen Alma Rogge sein und zugleich erinnern an ihre Persönlichkeit und ihr Werk. Auf daß – anknüpfend an zwei andere Titel aus ihrem Schaffen – auch mit diesem Buch Menschlich-Allzumenschliches „Fröhlich durchleuchtet“ werde und Anlaß gegeben sei, Alma Rogges ermutigenden Wahlspruch „Seid lustig im Leben!“ weiterhin zu befolgen.

Bremen, im Herbst 1978

Dieter Ehlers

Erklärung plattdeutscher Wörter.

ähr(en) – ihr(en) u. sie
Ähr – Ihnen, Ihr u. Sie
al (kurzes ‚a') – schon
all, allens (langes ‚a') – alle, alles
anfaten – anfassen
apen – offen
aver – aber; über
Bäärn – Birnen
'n bäten – ein bißchen
bäter – besser
batz to – sofort, gleich
bet – bis
Bleesticken – Bleistift
blot – nur, bloß
bringen; bring; broch; brocht – bringen
Brögam – Bräutigam
dal – nieder, herunter
dar, dr – da (örtlich), dort
do – da (zeitlich), als
doer – durch, hindurch
donahsten – vorhin
doon; do, deit, doot; dee; daan – tun
drägen; drääg, dreggt; droog; dragen – tragen
drock – eilig
droeven; draff, droeft; druff; drufft – dürfen
eerst – erst, zuerst
ehr – eher
faken – oft
for (kurzes ‚o') – für
freen – heiraten, freien
(befreet – verheiratet)
froh – früh
frundjen – schmusen
gääl, gäle – gelb
gäven; gääv, gifft; geef; gäben – geben
gau – schnell
glieks – (so-)gleich
Glitsch – Eis-Gleitbahn
glöven; glöövt – glauben
grienen – grinsen
häven; häävt – heben
halen; haalt – holen
Haver – Hafer
hebben; heff, hest, hett; harr; harrt – haben
Hoben – (Flurname bei Rodenkirchen)
holen; hool, hollt; heel; holen – halten
holten – Holz-, hölzern

Hulp – (Aus-)Hilfe
Huushollersch – Haushälterin
jümmer – immer
kamen; kaam, kummt; keem; kamen – kommen
kien, kiene – kein
kleien – kratzen; beschmutzen
Knicker – Murmel, Spielkugel aus Ton
Koem – ‚Kümmel', Schnaps
koenen; kann, koent; kunn; kunnt – können
Kombüüs - Schiffsküche
kriegen; krieg, kriggt; kreeg; krägen – kriegen
Läävtieden – Lebzeiten
laten; laat, lett; leet; laten – lassen
leck – undicht
leef, lever, leefst – lieb
leggen; legg; lä; leggt – legen
lehren; lehrt – lernen
licken – lecken
liggen; ligg; leeg; lägen – liegen
littje(t) – klein
luurn – lauern, warten
Maand – Mond; Monat
mienlääv – mein Lebtag
man – aber; nur
moegen; mag, moegt; mugg; muggt – mögen
moeten; moet, moeßt; muß, mussen; mußt – müssen
moi, moje – schön
morrn – morgen
Mutz – Mütze
nähmen; nähm, nimmt; nehm; nahmen – nehmen
nahsten – nachher
neihen – nähen; hauen **(neih ut!** – nimm Reißaus!)
noog – genug
nums – niemand
Oolsch – alte Frau, Alte
plögen; plöögt - pflügen
Plumen – Pflaumen
Rägen – Regen
raver – hinüber, ‚rüber'
rischen – aufrichten
Rurch – Rücken
sachs – vielleicht, wohl

säben – sieben
säß – sechs
schamen; schaamt – sich schämen
scheten; scheet, schutt; schoot; schaten – schießen
schoelen; schall, schaßt, schoet; schull, schußt; schullt – sollen
schrieven; schriev, schrifft; schreef; schräben – schreiben
schudern – schaudern
sehn; seh, sühst, sutt; sehg; sehn – sehen
sitten; sitt; seet; säten – sitzen
slaan; slaa, sleit; sloog; slaan – schlagen
Slaav – Sklave
smöken; smöökt – rauchen
sockse – solche
solten – Salz-, gesalzen
sulben, sulfst – selber, selbst
supen; suup, suppt; soop; sapen – saufen
Swienägel – Igel
Tähn, Tähnen – Zahn
tein – zehn
Tiet, Tieden – Zeit
tohoop – zusammen
tokumm' Freedag – kommenden Freitag
töven; töövt – warten
twintig – zwanzig
vääl – viel
verra'en – verraten
vigelett – violett
vor (kurzes ‚o') – vor
Wääk, Wäken – Woche
Wäer – Wetter
wäten; weet, weeßt; wuß, wussen; wußt – wissen
Weten – Weizen
wäsen; bun, bust, is, sund; weer; wäsen u. **wään** – sein
weren; weer, warst, ward; wurd, wurrn; wurrn – werden
willen; will, wullt; wull; wullt – wollen
Wittmann – Witwer
wedder – wieder
wennehr – wann
wo – wie
woll – wohl
wor – wo

Inhaltsverzeichnis:

Bitte, beachten Sie auch die folgende Seite

WEITERE BÜCHER VON ALMA ROGGE

Fröhlich durchleuchtet

Erlebte Geschichten, 96 Seiten, Pappband

Seid lustig im Leben

Erlebte Geschichten, 108 Seiten, Pappband

„Alma Rogge ist vielen Menschen ein Begriff. Ihre heiteren Geschichten sind geradezu großartig erzählt. Ganz klar, daß sie sich über ihre eigenen Schwächen selbst lustig macht und in ihrer Ehrlichkeit die Leser für sich gewinnt. Man schmunzelt, man lacht hellauf, man ist begeistert von dieser Lebenskünstlerin, die hier erlebte Geschichten mit ebensoviel Scharm wie Burschikosität erzählt. Ein heiteres Brevier für die tierischernsten Mitmenschen." *Freie Presse, Bielefeld*

„Es sind Erinnerungen, von kleinem Gerührtsein und großem Gelächter gewürzt, und es kommen so viele Figuren darin gut weg, daß es das Netteste ist, daß dennoch ‚ich' klein geschrieben ist und das Leben groß." *Bremer Nachrichten*

CARL SCHÜNEMANN VERLAG BREMEN